AF489142

UNA VIDA
PARA LA LIBERTAD

LOU ANDREAS-SALOMÉ
MUSA DE NIETZSCHE, RILKE Y FREUD

M. G. Rebok-Holz, G. L. Ritacco, S.L. de Olaso, Z. A. Pugliese

M.V. Casaurang (comp.)

Una vida para la Libertad: Lou Andreas-Salomé, musa de
Nietzsche Rilke y Freud /
Rebok-Holz María Gabriela ... [et al.] ; compilación de María
Virginia Casaurang. - 1a ed - San Martín :
Uuirto, 2023.
264 p. ; 21 x 15 cm.

ISBN 978-987-82977-0-5

1. Psicología. 2.Poesía. 3.Filosofía Occidental. I.Casaurang,
María Virginia, comp.

CDD 150.1

Ilustración y diseño de tapa: Mattos Roberto

www.uuirto.com
info@uuirto.com
+54-11-6577-1818

Impreso en el mes de junio de 2023 en Docuprint,
Panamericana km 37.5, ramal Escobar,
Parque Industrial Garín, Lote 3, Pcia de Bs. As.

Prólogo

El contenido de este libro es una adaptación de las conferencias brindadas entre abril y mayo de 2022 por un grupo de pensadoras que creyeron en la importancia de comunicar la vida de una filósofa y psicoanalista llamada Lou Andreas-Salomé (1861- 1937).

De formación cultural europea aunada a sus hondas raíces rusas, Lou supo desarrollar un pensamiento que maravilló a los más grandes intelectuales de esa época: Paul Rée, Friedrich Nietzsche, Rainer María Rilke y Sigmund Freud.

Cada uno de los capítulos de esta obra, se propone llevar al lector a descubrir las características más originales de quien fuera "una musa" para estos hombres que trabajaron a su lado y que junto a ella nos legaron sus rasgos más creativos.

Lou Andreas-Salomé nos enseñará como supo cuestionar sin más su entorno, aquello que para su época se consideraba muchas veces irrefutable y no siempre trascendente para su vida.

Ella nos estimulará a abordar las relaciones en los cambios epocales vertiginosos que aún en nuestro presente, el ser humano enfrenta con incertidumbre, aquello que no ha sido resuelto: los conflictos y sufrimientos vinculares.

¿Quién era Lou Andreas-Salomé y cómo influyó en estos pensadores?

¿De qué modo los incentivó para que después de nueve meses de gestación publicaran sus respectivos libros?

En el capítulo introductorio, Graciela Ritacco desarrollará el tema de las inquietudes en estado germinal de un grupo de intelectuales que, a finales del siglo XIX y principios del XX, dejaron su impronta en el devenir posterior.

La autora se centra en tres temas principales: los cambios que se producen en el modo de *pensarse* el ser humano, en cómo quedan afectados sus vínculos familiares y comunitarios y, finalmente, en la propia percepción de la relación entre los sexos desde este nuevo paradigma.

Siguiendo la senda de Gianni Vattimo, conoceremos los inicios de la postmodernidad y, a través de escritos y poemas de Lou von Salomé, Friedrich Nietzsche y Rainer Maria Rilke, bucearemos en esta nueva cosmovisión tan novedosa como perdurable.

Luego, en el primer capítulo, "El encuentro de dos espíritus libres", Zulema Pugliese comienza describiéndonos un panorama general del modo de vida de la sociedad europea a finales del 1800, incluyendo, como ejemplo, las obras de Henrik Ibsen.

El capítulo en sí se centra en el período del arribo de Lou al mundo cultural europeo en 1882, en su encuentro con Paul Rée y Nietzsche y en su primera etapa como escritora. Lou, llena de proyectos y vitalidad, confronta a un Nietzsche abocado a su labor de escritor y decidido, a través de sus obras, a lograr la transvaloración de todos los valores. Cabe aquí mencionar que Nietzsche, esa amalgama de músico, poeta, filólogo y filósofo, sucumbe a los encantos de Lou y, a pesar de los avatares del destino, conservarán ambos los vestigios de una atípica relación. También se ven las consecuencias de un Nietzsche post Wagner, el origen de su inclinación por la escritura en forma de aforismos y su búsqueda de la divinidad. Se recrea una relación Nietzsche-Lou sin futuro, pero que dejó su impronta en el ámbito cultural del momento.

En el segundo capítulo, Silvia Olaso nos brinda su interpretación de dos inolvidables relatos de Lou Andreas-Salomé: *Fenitschka* y *Un desvío*.

El estudio de estas obras nos permitió conocer la vida interior de Lou: ¿Cómo quería encarar su vida como mujer? ¿Se podría decir que era feminista para la época? ¿Qué pensaba del matrimonio?

Precisamente en *Fenitschka,* la protagonista (Fenia, un alter ego de Lou) establece un diálogo con el personaje literario (Max) donde despliega actitudes claramente humanas, de compasión al otro, al principio hacia una mujer, cuando no es debidamente defendida por su pareja. En la segunda narración, *Un desvío,* plantea con claridad y valor su posición como mujer frente a la sociedad de sus tiempos, ante un mundo que no le permite exteriorizar lo que "late en lo más profundo de su corazón". Por ello no desea obedecerlo…

En una época nacida bajo el signo del arte, María Gabriela Rebok-Holz, nos introduce en una comunidad en la que los integrantes se reconocen mutuamente en su excelencia, nos dirá: "Ejercen literalmente la bendición, el buen decir unos de otros…"

Rilke y Lou Andreas-Salomé se encontrarán hermanados en una visión poética del mundo.

En 1897 y tras un primer encuentro, Rilke recibió el impacto de esta "mujer extraordinaria", su aporte femenino y sus raíces profundas de religiosidad cultural rusa, que lo ayudarán a encaminarse hacia "un nuevo comienzo" para lograr manifestar con "caligrafía limpia y clara" una búsqueda de lo oculto en lo manifiesto.

Es notorio el cambio en la primera etapa de la creatividad rilkeana, donde el poeta supera el exceso sentimental del romanticismo gracias a la crítica de Lou.

Los dos viajes que emprende Rilke a Rusia, en 1899 como acompañante de Lou y su marido Andreas y luego en 1900, con Lou, le darán la posibilidad de contemplar "un temprano proyecto suyo, la poesía encarnada en el pueblo". Inspirado en las referencias culturales y religiosas y bajo el paisaje de una estepa rusa, encontrará el marco propicio para componer en un "desbordante proceso creativo" una de sus más grandes obras: *El libro de horas* (*Das Stundenbuch*), que será publicado en 1905 y analizado en este capítulo.

Desde los comienzos la relación de ambos espíritus se tejió como una especial relación amorosa, "tan apasionada como efímera al comienzo, como de leal amistad que duró toda la vida".

Más tarde, Lou vincula a Rilke con Sigmund y Ana Freud. Se podría decir que la presencia de Lou en esta ocasión juega como un engranaje para "valerse" de las intuiciones compartidas con el poeta y ampliar de este modo los horizontes de Freud, "cuyo trasfondo metafísico inconfesado es un *monismo positivista*, diferente del neorromántico de Lou y de Rilke".

En el capítulo cuarto, *Un vínculo profundo,* Silvia Olaso, nos acerca a la vida de Freud, a su fructífera labor como médico y, tras sus investigaciones, al modo en que se interesa por el psiquismo del ser humano: el análisis de los sueños, la histeria, las fobias…

Según trascendidos, el encuentro de Freud con Lou se da por un expreso pedido de ella durante una estadía en

Viena en 1895. Para ese entonces Freud era conocido por haber publicado varias de sus obras y Lou confiaba que el psicoanálisis explicaría rasgos de la vida de un ser humano para una curación de traumas pasados.

Pondremos énfasis en este entramado fecundo de sus vidas a partir de ese encuentro. Por su parte, Freud llegará a conocer y admirar los rasgos de una mujer enigmática con una personalidad atrayente y potente.

Cabe destacar que en este libro se detalla también la biografía intelectual de cada una de estas atractivas personalidades.

Introducción

Graciela L. Ritacco

Perspectivas de interpretación

*"Permaneced no-modernos nada más que un solo día y veréis
entonces cuánta eternidad hay en vosotros"*

*"Una generación llena de temor llega al mundo en tierra extranjera y
no encontrará nunca el camino a casa"*[1]
R.M.Rilke

Este libro es el resultado de un ciclo de conferencias sobre un "cambio epocal" ofrecidas de modo virtual durante la pandemia que nos azotó recientemente. Desarrollamos en esa oportunidad las inquietudes vitales y teóricas que asediaron a un grupo de intelectuales, cuyos encuentros a comienzos del siglo XX resultaron extremadamente fecundos, y fueron, en cierto modo, una prolongación de los fructíferos intercambios iniciados a finales del diecinueve con el poderoso pensamiento nietzscheano. Crecieron en este fértil suelo una serie de improntas cuyas secuelas, a mi modo de ver, siguen vigentes, pero que quedará a cargo de los lectores corroborar si es así o no.

No es casual que se haya desarrollado con tanto ímpetu durante el siglo XX la antropología filosófica, con sus vínculos estrechos con la estética en el sentido de un filosofar sobre el arte, o que especialidades como la psicología, la sociología o la política hayan pretendido un

---

[1] Rilke, R.M. (1981) 114-115.

vuelo propio desprendido del filosofar. Claramente esto ocurrió a lo largo del siglo XX.

Tres cuestiones se anudan entonces entre sí. En primer lugar, cómo se piensa al hombre, a lo humano como tal, pero desde las entrañas mismas de la yoeidad. Cuestión que implica inevitablemente de qué manera quedan afectados los vínculos humanos, las posibilidades de sostener lo familiar y los nexos comunitarios, y, por fin, cuál es una adecuada percepción de las relaciones de los sexos entre sí. Siempre que aceptemos que "el sexo" existe, que tiene realidad, por agobiante que ello sea. Si estos temas nos inquietan todavía hoy, estaremos diciendo que no nos hemos desprendido de lo iniciado por Federico Nietzsche, Lou Andreas Salomé, Rainer Maria Rilke, Sigmund Freud. A lo largo de este libro se indagará en torno de los aportes que hemos recogido de las decisivas influencias generadas a comienzos del siglo XX y que han llegado hasta nosotros.

Entretanto han transcurrido ya dos décadas de un nuevo siglo y podemos preguntarnos acerca de los lineamientos que pudieran darnos pautas teóricas sobre lo que se va manifestando en esta etapa del transcurrir humano. Algunos rasgos son notorios en este preciso momento: pestes, guerra europea, peligro de expansión a guerra nuclear, aunque no todo es tan desolador, porque también son marcas distintivas imposibles de desconocer: la expansión de los avances de la biotecnología, la ecología, la inteligencia artificial, etc, etc. Aunque podríamos continuar, no he mencionado todavía ningún aspecto distintivo, acorde con un afán reflexivo por autointerpretarse de un modo omniabarcante, que caracterice a esta novísima etapa del pensamiento humano. Quiero decir que no sería sencillo presentar una teoría filosófica a la que hoy le asignemos cobijo, porque se haya atrevido a señalar los postulados teóricos que nos contengan y nos proporcionen pautas de comprensión capaces de facilitarnos nuestro habitar la tierra en este preciso momento.

Podríamos traer a cuento, sin embargo, a la llamada "postmodernidad" en tanto Gianni Vattimo ha mostrado muy bien la continuidad que enlaza a Federico Nietzsche (muerto en 1900) con algunos rasgos de Martin Heidegger (m. 1976) y de Hans Georg Gadamer (m. 2002).

Repasemos entonces brevemente, junto con Gianni Vattimo,[2] algunas marcas del desenvolvimiento de la modernidad.

Por lo pronto, cuando decimos "moda" y "modernidad" estos términos se apalancan mútuamente al apoyarse ambos en la novedad como valor, acentuando sobre todo los valores profanos. La pertenencia misma a la modernidad constituye un valor fundamental al punto que la modernidad es la época de la reducción del ser a lo *novum*. En esa línea, Federico Nietzsche nos propuso en *Aurora* el anclaje en la realidad más próxima, ya sea en lo que nos rodea o lo que esté en nuestro interior, dentro nuestro. Nietzsche nos alerta respecto del exceso de conciencia histórica porque eso nos impediría producir novedades. Considera, en *Humano demasiado humano,* que es preciso someter los valores superiores de la civilización a una "reducción química". Con ese proceso reductivo la verdad en sentido fuerte, junto con el conocimiento, se va diluyendo porque se adopta la modalidad de una serie de metamorforizaciones. En

---

[2] Vattimo, G. (1987). Cf., 19-159.

consecuencia, todo fundamento desaparece lo que lleva a moverse en "un errar incierto" al que podríamos llamar, como lo hace Federico Nietzsche, "la filosofía de la mañana". A partir de ese momento los errores pasan a ser necesarios, al operar como un verdadero manantial de riqueza. Además "tras la muerte de Dios" quedan alterados todos los valores supremos, que van desvalorizándose. Los valores se despliegan en una serie de procesos, que se suceden unos a otros, en constante transformación, por tanto, el ser -una vez convertido en valor- queda aniquilado. En opinión de G. Vattimo, Nietzsche concibe una superación crítica de la modernidad mediante la radicalización de las tendencias mismas que la constituyen, de novedad en novedad, llevándola a su propia disolución. Es decir, según Vattimo, ya están allí los gérmenes de la postmodernidad. Modernidad y postmodernidad están enlazadas. Nietzsche afirma, en el *Crepúsculo de los ídolos*, que el mundo verdadero se ha convertido en fábula, haciendo que también se diluya, a la vez, el mundo aparente. Estamos entonces ante un mundo desdibujado por una ontología débil como lo es el mundo que nos ha traído "la mediatización total de nuestra experiencia" -como dice Vattimo- al devolvernos "una realidad aligerada", que no distingue netamente la verdad de la ficción y "glorifica los simulacros y los reflejos" según Deleuze. Como se ha perdido la distinción metafísica entre sujeto y objeto, Vattimo sostiene que hombre y ser han entrado en un ámbito oscilante (*schwingen*). Por eso no se persigue una superación crítica del nihilismo al modo de la modernidad, sino que basta apenas con la torsión (*Verwindung*) en sentido heideggeriano, sentida como resignación, convalecencia, recuperación, remisión. "Es algo análogo a la *Ueberwindung*, la superación o rebasamiento pero que se distingue de ésta porque no tiene nada de la *Aufhebung* dialéctica ni del "dejar atrás" que caracteriza la relación con un pasado."[3] Acompaña a la deconstrucción del ser una verdad débil, post-metafísica, "signada por la distorsión". Sin embargo, lo bello *(to kalon)* -como señala agudamente Hans Georg Gadamer- permite una recuperación de la verdad con una acepción no metafísica sino como "horizonte y fondo" al partir "de la experiencia del arte y del modelo de la retórica" porque se reconoce "en la experiencia estética el modelo de la experiencia de la verdad [...] que tiene que ver con "grumos" de sentido más intensos." Se obtiene así un efecto liberador, emancipador, provocado y consumado por la rememoración estética. A través del arte acontece la experiencia *(Erfahrung)* de la verdad, como modificación que sufre el sujeto cuando algo tiene importancia para él, porque es un encuentro que modifica al observador. Hasta acá las apreciaciones de G. Vattimo.

Con gran maestría Rilke ha sabido expresar todo esto con su poesía. Lou Andreas- Salomé[4] dijo de él:

> ...lo más originariamente genuino del hombre Rainer lo impulsaba a tender las manos, aun en el logro más perfecto, más allá de la obra de arte, por encima de la palabra del poeta, hacia la *vivencia*,

---

[3] Vattimo, G. (1987), 156: "El primer filósofo que habla en términos de *Verwindung*, aunque naturalmente no usa esta palabra, no es Heidegger, sino Nietzsche. Se puede sostener legítimamente que la posmodernidad filosófica nace en la obra de Nietzsche." "La palabra *Verwindung* puede ayudarnos a definir lo que busca Nietzsche con la expresión 'filosofía de la mañana' y que constituye... la esencia de la posmodernidad filosófica. [...] el término indica un rebasamiento que tiene los rasgos de la aceptación y de la profundización.", 151.
[4] "Con Rainer" en Andreas-Salomé, L. (2021).

hacia la *revelación de la vida*, y a experimentar sólo ésta como lugar de descanso, como paz (2021,141). Entonces ...corría al encuentro de las impresiones como símbolos (que para él eran ya en sí experiencia de la presencia) (2021,128).[5] [Pues] lo estremecedor de la creación humana no proviene de ninguna consideración, sea ésta moral o banal, sino de la circunstancia misma de arrancarnos de todo lo personal y arrojarnos en lo creatural. (2021, 42).

Con Federico Nietzsche operando de alguna manera como eje, es posible deslindar algunos de los motivos salientes, que se fueron gestando desde finales del XIX para eclosionar a comienzos del XX y que, por supuesto, han resultado comprensibles del todo recién ahora cuando los miramos -como lo haría el búho de Minerva- volando al atardecer. Pareciera que seguimos inmersos en el hálito que se desprende de aquellos ángulos de visión persistentes desde los albores del siglo XX.

Ahora bien, respecto del rango auroral de estos pensamientos, no deja de ser curiosa la interacción de ese grupo de intelectuales de lengua alemana, viajeros incansables, yendo de un lugar a otro de Europa, quienes coincidieron en los mismos sitios, se vincularon entre sí,

---

[5] Para R.M.Rilke, según cuenta Lou: "...oración y consumación seguían cubriéndose aún como *una sola* realidad presente en el acto...(la profundidad de sus impresiones hacía que las *rezara*)...se quedaba desgarrado entre la impaciencia que corría al encuentro de las impresiones como símbolos (que para él eran ya en sí experiencia de la presencia), la nostalgia de adentrarse arrodillado en cada una de ellas hasta completarse en la *dicción* poética, y el impulso contrario de no perder, por ellas, lo que ya en su interior estaba creando." "Con Rainer", *Ibid.*, 128.

intercambiaron conversaciones, cartas y libros. Me refiero al gruñón de Federico Nietzsche, al enciclopédico Paul Rée, a la inquieta Lou Andreas-Salomé, al soñador Rainer Maria Rilke, al Dr. Sigmund Freud. Si ampliamos el círculo podríamos agregar a Wagner, Ibsen, a Rodin, Simmel, Scheler, Tausk, Adler, Jung y tantos otros más. Pero quedémonos acá porque nos ocuparemos de ellos en este libro.

Jacobo Burckhardt[6] recibió a comienzos de enero de 1889 una nota de F. Nietzsche en la que le decía:

Hubiera preferido finalmente y en mayor grado ser profesor en Basilea antes que ser Dios, pero no he osado en absoluto llevar mi egoísmo personal hasta el punto de perder de vista, por ese egoísmo, la creación del mundo.[7]

Nietzsche está proclamando con esto que "El deseo de todos los instintos es crear".[8] En los mismos términos habla Lou Andreas-Salomé refiriéndose a Rainer Maria Rilke, "el himnista de Dios"[9] así lo llama,

---

[6] Nació en Basilea el 25 de mayo de 1818 donde falleció el 8 de agosto de 1897. Se destacó como historiador del arte y de la cultura.

[7] Chaix-Ruy, Jules. (1964), 164.

[8] *Zarathustra. Fr. póstumo*, 388 *(Werke.* XII, 305) en Andler, Ch. (1958), 455.

[9] "La vivencia de Rusia" en Andreas-Salomé, L. (2021), *78*. Es interesante la acotación de Lou Andreas-Salomé, hacia el final de su vida, tras haber frecuentado a S. Freud, cuando reflexiona que "sea harto natural que estemos habituados a imputar 'lo divino' a lo más sublimado; porque esta palabra significa *siempre* para nosotros, en algún sentido, lo más íntimo y, a la vez, lo que más nos trasciende. Pero eso no es más que un concepto de emergencia para lo más *subterráneo*, [...] *puesto que*, en realidad nos sobrepasa, nos *subpasa,* y con ello, precisamente nos expresa con mayor fuerza que la habitual contraposición de adentro y afuera." "La vivencia de Freud", *Ibid.*, 165.

quien vivía el "crear y poder crear, como irrupción de lo creador en uno mismo".[10]

De manera que el afán creador nietzscheano opta por perpetuar el nihilismo mediante la *poiesis*, la capacidad de creación, en particular artística, pues le es dado al filósofo atreverse a participar de una aristocracia de audaces, dispuestos a pensar virilmente un universo capaz de brindar sustento, puesto que rememorándolo, lo creamos. Y aunque carezca de soporte trascendente, no desaparecerá porque un *eterno retorno* asegurará su perdurabilidad, según una conjunción del tiempo con la eternidad. A su vez, una misma fuerza atraviesa desde la materia inorgánica hasta lo orgánico, de modo que desde lo instintivo, esa fuerza logra impregnar también a la conciencia humana como *voluntad de poder*. Frente a la factibilidad de lo dado por los hechos, lo propiamente humano consiste en valorarlos. Por tanto, desde la evaluación operada por nuestro querer, se consagra la enunciación de los *valores* encarnados vitalmente por una inteligencia emocional.[11] Los creadores nos conducirán hacia el *Superhombre*, en una sostenida transmutación de valores. Efectivamente se ha desarrollado desde entonces una cosmovisión que todavía nos concierne.

Sumergiéndose en una pura inmanencia Nietzsche permanece absorto:

> ¡Soy luz! ¡Ay de mí! Si fuese noche...Pero vivo en mi propia luz y reabsorbo las llamas que me queman. (*Werke* 6, 153) La belleza del superhombre me ha llegado como en sombras. ¿Qué me importan los dioses? (*Werke* 6, 126). Dios es una conjetura: no quiero que la vuestra sea más rica que vuestra

---

[10] "Con Rainer" *Ibid.*, 140.
[11] Andler, Ch. (1958), 429 ss.

voluntad creadora... (*Werke* 6, 123) [Constituye] el mayor de los peligros (*Werke* 6, 418), inventado como obra y locura del hombre. (*Werke* 6, 42).

Esto lo corrobora Lou Andreas-Salomé "en su libro sobre Nietzsche" cuando dice que "el descubridor de la verdad se ha tornado en cierta medida *inventor* de la verdad."[12]

En 1882 le envía Federico Nietzsche un breve poema a Lou Salomé, escrito en 1881 en Sils María:

Estaba allí a la espera, espera sin objeto, más allá del bien y del mal, gozando a veces la claridad, a veces las sombras, todo juego, todo mar, todo mediodía, todo tiempo sin meta. Entonces, de pronto, ¡Amiga! Uno devino dos y Zaratustra pasó a mi lado.

Comenta Lou Salomé a propósito de F. Nietzsche: ...la poesía es en su obra más esencial que sus verdades - verdades que él no solamente cambiaba sino a las cuales se adhería, en cada ocasión, cuando ya existían como tendencia: en una entrega casi femenina-. Hasta llegar a la profecía: la doctrina de Zaratustra, del superhombre y del eterno retorno, donde se divide, él mismo, en quien todo lo padece y quien todo lo domina -el dios- . Hasta llegar a aquello que se produjo "en verdad y poesía"; porque allí el investigador en él se fijó su límite, allí renunció a sí mismo, corrió ante sí la cortina que su situación de dolor y de deseo pintó de manera tan grandiosa y espontánea que ya nunca volvió a alzarse y a dejarle libre la vista.[13]

---

[12] Nota de E. Pfeiffer en Andreas-Salomé, L. (2021), 309.
[13] "Vivencia de los amigos" en *Ibid.,* 97-98.

En otra ocasión Federico Nietzsche le dedica a Lou Salomé este poema, junto con un libro:

¡Amiga, dice Colón, no te fíes de ningún genovés,[14] él mira siempre fijamente al azul profundo y lo atrae siempre el horizonte más lejano! Quiere arrastrar a quien ama muy lejos, hasta el fondo del espacio y el tiempo; Arriba nuestro, las estrellas, a nuestro alrededor retumba la Eternidad.[15]

Lou Salomé, muy joven cuando recibe estos poemas, los conservará en su memoria por el resto de su vida. En carta a Paul Rée le cuenta sobre las conversaciones que mantuvo con Nietzsche:

Es extraño que con nuestras conversaciones vayamos a dar involuntariamente a los abismos, a aquellos lugares de vértigo a los que alguna vez uno ha llegado trepando solo, para asomarse a las profundidades. Constantemente hemos escogido los senderos de las gamuzas, y si alguien nos hubiese

---

[14] Comentarios de Ernst Pfeiffer en *Notas* a p. 87 en *Ibid.*, 250-251: "Nietzsche había partido -Nuevo Colón, y como si su 'paradigma' hubiese emprendido el viaje de descubrimiento desde su ciudad natal- desde Génova en un velero de carga hacia su 'borde de tierra', como único pasajero: había partido hacia Sicilia el 29 de marzo de 1882...El poema: '¡Amiga -dijo Colón-, no vuelvas a fiarte de ningún otro genovés' demuestra, en sus diversas versiones publicadas e inéditas, la inclusión de la 'rusa' en la visión-de-descubrimiento-del-mundo, ya fuese escrito el poema en los días antes de zarpar el velero o más tarde. Nietzsche sólo se lo regaló a comienzos de noviembre de 1882, en Leipzig, probablemente a la despedida: 'A mi querida Lou'. Por lo demás, es significativo que las cartas de Nietzsche desde Mesina, a la hermana y a los amigos, recuerden en su tono las cartas que precedieron inmediatamente al colapso. Quizás sea necesario buscar el núcleo de la 'vivencia Lou' de Nietzsche en esta unidad de visión colombina e imagen de Lou."
[15] Chaix-Ruy, J. (1964), 94.

escuchado habría creído que eran dos diablos conversando.

De manera que Lou y F. Nietzsche, "el buscador de Dios", pudieron "gozar abundantemente de la compañía mutua." Y agrega Lou:

Veremos el día en que se presente como heraldo de una nueva religión y será entonces una religión que reclute héroes como discípulos.[16]

F. Nietzsche efectivamente había alentado la conformación de una sociedad de aristócratas, de superhombres, de dioses a quienes convocó en sus *Obras Póstumas*[17] como:

los nobles, los amigos de la verdad, los que no tienen necesidad de ponerse la máscara. ¡Las individualidades potentes!
Fr. 483-484.

Precisamente el objetivo de nuestro libro es ahondar en los nexos que se dieron epocalmente, cuando algunas de estas individualidades potentes se fueron congregando entre sí, y sus vínculos se fueron matizando por indudables influencias mutuas entre ellos.

---

[16] "Vivencia de los amigos" en Andreas-Salomé, L. (2021), 91-92. Páginas correspondientes a lo citado en el texto. Cuando hace un recuento de su vida, Lou dice: "En una de mis cartas a Paul Rée desde Tautenburg, la del 18 de agosto, ya puede leerse: 'Muy al comienzo de mi relación con Nietzsche le escribí a Malwida que éste era una *naturaleza religiosa*, despertando con ello la más fuerte resistencia de su parte. Hoy quisiera subrayar doblemente esa expresión.' ... Cuán igual pensamos y sentimos al respecto, y cómo nos quitamos cabalmente las palabras y los pensamientos de la boca."
[17] Chaix-Ruy, J. (1964), 109.

Lou Andreas-Salomé es una de esas individualidades potentes, quien durante toda su vida ejerció sobre sí misma y sobre sus actos una intensa tarea introspectiva que fue volcando en sus escritos y cartas. Durante sus últimos años hizo un recuento de lo vivido con su *Mirada retrospectiva-Compendio de algunos recuerdos de la vida,* recogidos entre 1931-1934 por Ernst Pfeiffer y publicados por él recién en 1951.

Describe Lou Andreas-Salomé allí al círculo de sus amistades, con quienes compartió desde muy joven, la inquietud y el afán por conocer:

> ...un punto tenían todos en común: la valoración de la objetividad, el afán de distinguir sus propias conmociones de la voluntad cognoscitiva, de mantenerlas en lo posible apartadas de la tarea científica que tenían entre manos, solucionarlas como asunto privado. Para Nietzsche, en cambio, su propia situación, la hondura de su necesidad, se convertía en el crisol donde se calentaba al rojo, para volverse forma, su voluntad de conocer; tal hacerse forma en la incandescencia es la *Obra Completa* de Nietzsche.[18]

---

[18] "Entre quienes nos rodeaban había representantes de diversas especialidades: naturalistas, orientalistas, historiadores y, en no escasa medida, filósofos. [...] Pero que la filosofía actuara de manera intranquilizadora e incitante sobre los espíritus radicaba, también, en la especial disposición de los tiempos. La marea de los grandes sistemas postkantianos, incluyendo sus derivados hegelianos a la izquierda y a la derecha, no se retiraba sin colisión perceptible con el espíritu opuesto, el de la llamada 'era darwinista' del siglo XIX. En medio de la sobriedad y objetividad fundamental de las formas de pensamiento a las cuales se rendía pleitesía, no dejaban de abrirse paso los estados de ánimo pesimistas, ya fuese veladamente, en el trasfondo del pensamiento, ya fuese declarada y enfáticamente. Lo cual representaba una reacción, todavía muy idealista, ante toda suerte de prácticas de 'desdivinización': se hacían honestos

El crisol en el que se conformó la propuesta nietzscheana redundó en una modificación de la concepción de verdad para acogerse al modelo retórico, apuntar a la hermenéutica y sustentarse en la experiencia del arte para formularla poéticamente.

En esa línea Lou continúa explicando, con total lucidez, acerca del cambio de perspectiva operado en aquellas reuniones de intelectuales, que condujeron el foco de la atención hacia una dirección diferente a la vigente hasta ese momento, que había sido "un período *heroico*" de la filosofía -así lo llama Lou-, pero que se verá "relegado a distritos cada vez más modestos [...] por la distinción, cada vez más clara y rigurosa, entre lo que se reconocía como *científicamente* "verdadero" y las injerencias *subjetivas* de la verdad y la poesía":

> La especie misma del ánimo humano se convirtió en objeto de examen, haciéndose cada vez más accesible a su propia investigación: tanto sus formas de funcionamiento, que influyen de manera indebida en el conocimiento riguroso, como también en sus derechos indiscutibles a una completitud viviente y a un redondeamiento de lo científicamente expresable. La voluntad de la época trasladó el rigor de la lógica al rigor propio de una psicología. Tras la humildad ante la "verdad" se desató todo un período de humillaciones a través de confesiones: de la especial soberbia de la superioridad a la constatación de la inferioridad humana.[19]

sacrificios en aras de la 'verdad'. "Vivencia de los amigos" en Andreas-Salomé, L. (2021), 97.
[19] *Ibid.*, 96.

Por tanto, no debería llamarnos la atención que la mayoría de los capítulos de la *Mirada retrospectiva* de Lou Andreas-Salomé vayan sucediéndose como diferentes *vivencias* "de Dios, de amor, en la familia, de Rusia, de los amigos, entre la gente, con Rainer, la vivencia Freud".

Viene a cuento citar a Dilthey[20] cuando dice que "cada una de las vivencias (*Erlebnis*) es conclusa en sí misma, es una imagen particular del universo sustraída a toda conexión explicativa." Las experiencias vividas, las vivencias (*Erlebnis*) son puntuales, momentáneas, epifánicas, nos dice G. Vattimo quien aclara que, mientras para los románticos aparecen vinculadas a una visión panteísta del universo, en el siglo XX son consideradas totalmente subjetivas y privadas de legitimación ontológica. Lou nos explica que para ella guiarse por las vivencias responde a que:

> ...tras todas mis experiencias y mi conducta -dice- vibraba el mismo tono fundamental, como si su sonido no naciera en modo alguno de un devenir paulatino brotado de experiencias normales, alegres o tristes: era como si proviniese de un tempranísimo saber no infantil, un haber reexperimentado aquel impacto primigenio común a todos los mortales al despertar conscientemente a la vida, del cual la vida misma no podía dejar de recibir una impronta perdurable.[21]

---

[20] Dilthey refiriéndose a Schleiermacher, citado por Gadamer, en Vattimo, G. (1987), 106-110.
[21]"La vivencia de Dios" en Andreas-Salomé, L. (2021), 25.

Además, gracias a Nietzsche, Lou tomó nota del objetivo de "desacostumbrarnos de lo mediano [...] para vivir resueltamente lo entero, pleno, bello", propuesto por Goethe.[22] Podríamos decir que esta aspiración fue ampliamente cumplida por las personalidades que estamos presentando.

Ahora bien - refiriéndose a Rainer María Rilke, en quien supo alimentar su prodigiosa creatividad poética- Lou agrega, que "su disposición propendía a cumplir líricamente lo casi impronunciable, a preparar alguna vez, con el poder de su lírica, la palabra para lo "indecible"."[23] Y añade Lou:

> Allí (en la gran obra en prosa de Rainer, el *Malte Laurids Brigge*) ...enfrentado a su objeto, que era él

---

[22] *Ibid.*, 26. El comentario de Ernst Pfeiffer en *Notas, Ibid.*, 236 dice: "Tres versos de la quinta y penúltima estrofa del poema de Goethe [1749-1832] "Confesión general" del ciclo *Canciones de compañía*. [...] esta máxima de vida la había recibido Nietzsche de boca de Giuseppe Mazzini, a quien conoció en 1871. Desde entonces se convirtió casi en una consigna para él y sus amigos."

[23] Lou nos entrega esta descripción del poeta: "no había en su situación interior ninguna espera infantil-femenina, sino una especie de virilidad: un señorío intangiblemente delicado que le sentaba bien. Lo cual no se contradecía siquiera con su muy temerosa actitud ante lo que pudiera influirle o amenazarle, es decir, lo ajeno: sentía que eso no lo amenazaba a él, sino a aquello que sabía a su cargo y cuya custodia le estaba en todo momento encomendada. De ahí le venía una indivisibilidad de espíritu y sentidos, una vibración recíproca de ambos: el ser humano se fundía sin merma en el artista, y el artista en lo humano. Da igual dónde lo sobrecogiera: era *un solo* sobrecogimiento...[...] Por eso, puede que en su caso ocurriera más tarde que el despliegue de la plenitud de la vida, por una parte, y el de la genialidad artística, por la otra, no se fomentaran mutuamente, sino que crecieran casi el uno contra el otro; que las exigencias del arte y de una humanidad plena entraran en conflicto a medida que el logro artístico se abrió en esa su realidad enorme y exclusiva. Este genio trágico fue preparándose allí de manera ineludible.""Con Rainer", *Ibid.*, 121.

mismo, alcanza una actitud más objetiva que la que antes le había sido posible nunca.[24]

En el fondo fue Rodin quien le regaló el mundo entero de los objetos. [...] Rodin, quien, como artista, le regaló la realidad tal como es, sin la falsificación sentimental del sujeto; quien, con el propio ejemplo, le enseñó a amarrar en una la fertilidad de la creación y la de la vida...[25]

Sin embargo, continúa Lou indagando: "¿qué es lo que tenía que suceder para salvarte del conflicto personal, para cerrar la brecha entre la *devoción* de Dios y la *dicción* de Dios?"[26] pues "cada vez se fue haciendo más clara una relación con aquel conflicto entre lo hímnicamente vivido y la expresión."[27]

Frente a esta situación, Lou describe el impulso poético que inundaba a Rainer con una bella imagen tomada de un sueño de niñez de Rainer:

La oscura fuerza telúrica de Dios, que oculta todavía en sí, protectora, la *semilla*, se eleva por así decirlo en ímpetu gigantesco de *montaña*, y dentro de ella encerrado el *hombre*, asfixiándose entre el mineral, -casi una repetición del viejo sueño febril de la niñez

---

[24] *Ibid.*, 138.

[25] "Con Rainer", *Ibid.*, 133.

[26] "Apéndice, 1934", *Ibid.*, 154.

[27] *Ibid.*, 153. Observa Lou, además que Rainer aprendió también el arte de dominar los engendros de la fantasía, lo espantoso, lo repugnante, lo infernal en todas sus deformaciones. [...] ¿Cómo pudo aprender también esto ...? Porque, y eso no debe perderse de vista, el distanciamiento básico frente a lo observado de manera puramente real significaba para Rainer un esfuerzo enorme de índole espiritual, debiendo referirlo todo a la cosa en cuestión y no a él mismo." "Con Rainer", *Ibid.*, 134.

de Rainer, en el cual lo aplastaba algo pétreo y sobrecogedor-.

Y de ello surge el poema de Rainer, "la llamada suplicante, la llamada a Dios":

Pero si eres Tú: hazte pesado, irrumpe
que caiga sobre mí tu mano toda
Y yo sobre ti con mi alarido entero.[28]

De alguna manera se trataba de "una ascensión de la *obra* del poeta por encima del *hombre* poeta"[29] en búsqueda del "clamor por 'Dios' (para expresarlo en el más breve de todos los nombres)", "aquello que como 'oración' se elevaba en ti casi sin querer",[30] dice Lou.

No cabe duda que:

Para Rainer el objeto de su arte era Dios mismo, es decir aquello que expresaba su actitud ante su más íntimo y propio fundamento de vida, lo más anónimo más allá de todas las fronteras conscientes del yo. En el cumplimiento de la tarea de "Dios" tenían que chocar en él su humanidad y su poesía: la humanidad como vivencia inmediata del ser que recibe, la poesía como la acción auténtica de ese ser creando formas.[31]

---

[28] "*Du es aber: mach dich schwer, brich ein:/dass deine ganze Hand an mir geschehe/ und Bist ich an dir mit meinem ganzen Schrein.*" *Ibid.,* 137. Poema de R.M.Rilke recordado por Lou, donde menciona como "símbolo de Dios" a las "formas poéticas" en el *Libro de Horas.*

[29] "Apéndice, 1934", *Ibid.,* 156.

[30] "[La oración] envolvía cualquier cosa con la que entraras en contacto; era corporalidad que al tú tocarla, revelaba lo divino que en ella se cumplía..." *Ibid.,* 151-152.

[31] *Ibid.,* 129-130. "Rainer sentía en sí, desde lo más hondo, un mandato recibido que abarcaba todo quehacer violentador... "Dios":

Y exclama Rainer entonces -según Lou- con "boca tranquila y alegre de niño":

Voy siempre hacia Tí

con todo mi caminar

pues quién soy yo, quién eres Tú

si no nos comprendemos.[32]

Aunque resulte sorprendente, además del estrecho vínculo que unió a Lou con Rilke y de sus enriquecedoras charlas con Federico Nietzsche, también fue discípula y confidente de Sigmund Freud. Al reflexionar a propósito de este último vínculo afirma que:

> desde el momento de mi "vivencia Freud" nunca más se me ha apartado de cabeza y corazón ... que la circunstancia de la forma de investigación exclusivamente racional llevó, en el último recodo de este camino inexorablemente seguido, a los hallazgos en lo irracional. ...se estaría tentado de decir: un desmentido magnífico, que proclama al vencido vencedor ¡*porque* se mantuvo fiel a sí mismo![33]

---

un resguardo de esa cercanía que no permite a ninguna destrucción última llegarse hasta el corazón." *Ibid.*, 126.

[32] "*Ich geh doch immer auf Dich zu/mit meinem ganzen Gehn/denn wer bin ich und wer bist Du/ wenn wir uns nicht verstehen.*" *Ibid.*, 158.

[33] "La vivencia Freud", *Ibid.*, 173. Podríamos interpretar el término "irracionalidad" usado por Lou como una alusión a lo inconsciente. De todos modos, a lo largo de este gran cambio epocal que estamos presentando están en juego las bases mismas de la comprensión de la cientificidad, de lo humano como tal, de las costumbres, de la organización socio-política y hasta de las religiones.

La atención brindada a los conflictos entre racionalidad e irracionalidad señalada por Lou es corroborada también por M. Merleau-Ponty a propósito de la "emergencia de lo verdadero a través del hecho psicológico" en términos husserlianos. Merleau-Ponty percibe que la fenomenología surgió como una tentativa de solución para un problema, que continúa vigente -en su opinión- pero que podría llamarse "el problema del siglo" desde el inicio mismo del 1900:

> El esfuerzo filosófico de Husserl está, en efecto, destinado en su espíritu a resolver simultáneamente una crisis de la filosofía, una crisis de las ciencias del hombre y una crisis de las ciencias simplemente, de la que no hemos salido todavía. La crisis de las ciencias queda testificada en Francia por todos los estudios consagrados hacia 1900-1905 al problema del valor de la ciencia (Poincaré, Duhem, Le Roy y otros más).

Con agudeza Merleau-Ponty resalta que "La crisis de las ciencias, de las ciencias del hombre y de la filosofía, tiende hacia un irracionalismo. El racionalismo aparece como un producto histórico, contingente a ciertas condiciones exteriores." Este hecho configura un fuerte indicio de la magnitud de la cuestión porque implica una verdadera "crisis":

> Desde el comienzo de su carrera, Husserl sintió profundamente que el problema era hacer de nuevo posibles, a la vez, la filosofía, las ciencias y las ciencias del hombre, de repensar sus fundamentos y los de su racionalidad [...] Este problema que Husserl se planteaba a comienzos del siglo, es también el que se plantea al final de su vida, en

1935, en su último escrito (parcialmente publicado):
La Crisis de las Ciencias Europeas.[34]

Es indudable que los múltiples jugueteos entre lo racional y lo irracional no dejaron nunca de sorprender a Lou Andreas-Salomé. En conversación con E. Pfeiffer, unos días antes de su muerte sostuvo acertadamente que "dividir y simbolizar no son *infinitamente* distintos", y E. Pfeiffer comenta que esto "señala el núcleo de la concepción filosófica de Lou Andreas-Salome".[35] No podemos ignorar, desde luego, la importancia que tiene "la división" para Platón y consiguientemente, para sus continuadores.

Ella misma reconoce que fueron "*dos impresiones vitales*" las que le hicieron posible "ser receptiva al encuentro con la psicología profunda freudiana":

> su propia experiencia de la excepcionalidad y rareza del destino anímico de un individuo y haber crecido en un pueblo, Rusia, cuya intimidad se da sin más rodeos.[36]

---

[34] Merleau-Ponty, M. (1964), 13-15.

[35] Nota a Andreas-Salomé, L. (2021), 162, agregada por E. Pfeiffer en *Ibid* , 309.

[36] "La vivencia Freud" en *Ibid.*, 159. Lou amplifica su punto de vista: "lo infantil ...es una metódica de diferente estilo para adecuarse mejor, con ayuda del Eros, al *hecho primigenio* que nos une con 'el mundo fuera de nosotros' y salva la brecha que aparentemente nos contraponía, en cuanto criaturas individuales, a todo lo demás. Tampoco aquello que denominamos 'objetividad', en vez de 'amor', es otra cosa que el hecho de abrirse gustosa nuestra conciencia, con sus métodos, el acceso al subconsciente, dentro del cual no hemos dejado nunca de negar nuestra singularidad ni de tocar el enraizamiento común con el todo. *Por eso* se nos hace claro ... en lo así llamado 'suprapersonal' de nuestros intereses, que maridan, por así decirlo, lo que nos es más íntima y espontáneamente personal con aquello que sobrepasa por todos lados a nuestra persona." "La vivencia Freud", *Ibid.*, 164.

De hecho, *la visita a Rusia* en compañía de Rainer fue muy significativa para ambos.

> [Teníamos con ese viaje] la expectativa de llevarlo todo a la experiencia personal. Era como si cogiéramos las cosas con las manos, en carne y hueso; ... para recibir debajo del cielo ruso, como un regalo, la anhelada transmutación en símbolo; ...el clamor por... el espacio configural en donde lo inconmensurable tiene presencia aún en la más mínima de las cosas y donde la aflicción del poeta se hace expresión en el himno, en la oración.[37]

Rainer, por su parte, en carta a Ilse Jahr del 22 de febrero de 1923 le confiesa:

> Entonces Rusia se abrió ante mí y me entregó la fraternidad y la oscuridad de Dios, sin la cual no es posible que haya algo en común [...] La pasarela, sólida pero trémula interiormente, del Mediador tiene sentido sólo adónde se reconoce que hay un abismo entre Dios y nosotros. Pero ese abismo está lleno justamente de la oscuridad de Dios, y si alguien lo percibe, que descienda hasta allí y que aúlle ahí (eso es más importante que atravesarlo). Sólo para quien ha podido hacer del abismo, su residencia, [...] se restaurará el profundo vacío interior [...] y los ángeles entonarán resueltamente el himno de alabanza a la tierra.[38]

---

[37] "Apéndice, 1934", *Ibid.*, 150.

[38] Tomado de "Rilke, témoin du spirituel" en Marcel, G. (1944), 327-328. Además, en carta a Ellen Key, Rainer le dice: "Rusia fue la realidad, al mismo tiempo con esa profunda intuición cotidiana de que la realidad es una cosa lejana que llega con una lentitud infinita a los que le tienen paciencia. Rusia es el país en que los hombres son

El modo en que el libro *Mirada Retrospectiva* de Lou Andreas-Salomé va describiendo sus conexiones con potentes individualidades de su época y la manera en que interactuaron entre sí, deja traslucir que las influencias mutuas crearon un clima propicio para el crecimiento personal. Pero cada uno de estos "creadores" puso en juego el ahondamiento de sus rasgos particulares.

Algo de esto es apuntado por Lou al decir: "En este sentido cabe reconocer tranquilamente: ¡la tendencia de Freud nos ha arrojado entre las cosas!", cuestiona que "todo lo perecedero es solamente un símil y no lo esencial." Exclama entonces eufórica: "¡Ciertamente, ciertamente! Con Freud se hizo, pues, perfecto el símil." La perplejidad de Lou la lleva así a preguntarse:

> ¿No es este giro un acto final compensatorio, en el cual la exterioridad mecanizada vuelve impremeditadamente grupas para retornar a nuestra más oculta interioridad, de la cual ahora sí vale plenamente la frase heracliteana de las fronteras del alma que nunca acabarán de recorrerse?[39]

Estas son las venerables palabras de Heráclito, *fr.* 45, recordémoslas:

---

seres solitarios, donde cada uno lleva un mundo en sí, cada uno está lleno de oscuridad como una montaña, donde cada uno es profundo en su humildad, no teme abajarse, y -por eso mismo- es un ser de piedad. Hombres plenos de lejanía, de incertidumbre y de esperanza, seres que devienen. Es por encima de todo, un Dios que jamás ha sido definido, que eternamente se transforma y crece." *Ibid.*, 303-304.

[39] "La vivencia Freud", Andreas-Salomé, L. (2021), 172-173.

Por mucho que te esfuerces no podrás descubrir los límites del alma, aunque recorras todos los caminos; así de profunda es la expresión que le concierne.[40]

Las abismales complejidades del *logos* enlazado al psiquismo fueron destrabadas a lo largo del siglo que acaba de concluir. Pero Heráclito no deja de advertirnos sobre los peligrosos vaivenes yoicos desprovistos de brújula. Podemos agregar entonces el *fr. 89*:

Los que están despiertos tienen un mundo único y común, pero entre los durmientes cada uno se retira a su propio mundo.[41]

Heráclito se refiere a la importancia de la inserción del individuo en la afinidad e integración garantizada por la conexión que otorga una comprensión crítica y fundamentada. En ese caso, resulta perturbadora y enfermiza la disidencia carente de asidero. Según el legado que nos ha sido transmitido con coherencia y continuidad en testimonios en lengua griega -desde que comenzaron a fijarse por escrito las convicciones que apuntaban a sostener una armoniosa vida comunitaria- Heráclito el Oscuro -quien abundó en vida retirada- proclama sin embargo con firmeza la cosmovisión sostenida mayoritariamente por la Antigüedad. Lo transmitido, copiado una y otra vez, por más de un

---

[40] *Psychês peirata iôn ouk an exeuroio, pâsan epiporeuomenos hodon; houto bathyn logon echei,* en Diógenes Laercio. *Vidas* IX.7. Traducción de G. Colli ligeramente modificada. Colli, G. (2010), 60-61.

[41] *Tois egrêgorosin hena kai koinon kosmon einai, tôn de koimômenôn hekaston eis idion apostrephesthai,* en Plutarco. *De superst.* 3.166 c, *Ibid.,* 92-93.

milenio,[42] se ha interesado por encontrar el modo de mantener sin fisuras la vinculación armoniosa teñida de conectividad que es el rasgo principal del *logos*. Su matiz de reunión, ligazón, es precisamente lo que permite enhebrar el sentido que se perdería si dejáramos librados a sí mismos los componentes léxicos del habla. La *koinônía* (la participación comunitaria) que aporta los lazos que enhebran la unicidad de lo múltiple es tanto cósmica como humana, porque religa las partes en una totalidad significante.[43]

No cabe duda que la irrupción atronadora de la subjetividad se fue gestando en la Modernidad, pero no es oportuno trazar ahora su desarrollo. A lo largo de este libro sobre las inquietudes de los "heraldos" de la nueva época se mostrará de qué manera ellos percibieron agudamente ese desfasaje epocal y cómo buscaron no sólo vivirlo sino también explicarlo.

Tal vez haya sido Federico Nietzsche quien abrió con mayor lucidez el ámbito de reflexión en torno de estas cuestiones en tanto dio lugar para la dislocación de la metafísica junto con la deconstrucción de "sujeto" y "verdad" en búsqueda de la "filosofía de la mañana." A partir de ahí ya ningún fundamento servirá de consuelo

---

[42] Cf. Vallejo, I. (2021).

[43] H. G. Gadamer lo expresa muy bien: "En la memoria de la lengua alemana aún pervive la expresión *'schöne Sittlichkeit'* (bella eticidad), con la cual el idealismo alemán (Schiller, Hegel) caracterizaba el mundo moral y político griego, contraponiéndolo al mecanicismo sin alma del Estado moderno. 'Bella eticidad' no significa aquí una moralidad llena de belleza, en el sentido de pompa y magnificencia ornamental, sino una eticidad que se presenta y se vive en todas las formas de la vida comunitaria, según la cual se ordena el todo y que, de este modo, hace que los hombres se encuentren constantemente consigo mismos en su propio mundo." En Gadamer, H.G. (1996), 49-50.

metafísico ni podrá abrigar un orden ético, jurídico, social porque esto implicaría ámbitos de dominación. La acción singular libre conlleva un *atomismo* dice Nietzsche (*Humano, demasiado humano II. El caminante y su sombra* #11). Ninguna racionalidad universal de ahora en más será suficiente para comprender la particularidad individual, de manera que lo provisorio, incluso el error, es bienvenido, porque el hombre del pensar genealógico se sabe poseedor de "numerosas almas mortales" (*Humano, demasiado humano II.* #17). Por tanto, la singularidad y simplicidad anímica es reemplazada por la extraordinaria *multiplicidad* del cuerpo, fenómeno *más rico* y más estudiable (*La voluntad de poder* 518). Nuestro cuerpo es una construcción social de almas varias ("*Unser Leib ist nur ein Gesellschaftsbau vieler Seelen*" en *Más allá del bien y del mal* #19). Pensamientos y sentimientos "encierran a un poderoso soberano, un sabio desconocido que se llama 'sí mismo (*Selbst*)', habita en tu cuerpo, es tu cuerpo" (*Zarathustra* 1).

Frente a los relampagueos de la lucidez nietzscheana para percibir la valoración que va cobrando lo propiamente humano, fenómeno que se extenderá con ahínco durante el transcurso del s. XX, G. Vattimo explica que "El hilo conductor del cuerpo no es sólo máscara de la inmediatez biológica sino que, como fuerza que se pretende unitaria, es el resultado de una multiplicidad de componentes que hacen lugar a su unidad sólo a través de un conflicto y un complejo sistema de jerarquización y de recíproco ajuste". Por eso "[...] dado el carácter social del "yo" [...] el imponerse de la conciencia como instancia suprema de la personalidad es, fundamentalmente, un hecho de dominio."[44]

Una vez sentada una perspectiva del análisis antropológico en estos términos se hizo más complejo explicar la coherencia de una personalidad integrada no sólo con lo divino sino también con el medio natural, social, político. "El hombre moderno está segmentado, es fragmentario. No puede aspirar a una vida íntegra" porque "advierte como una fatalidad esta fractura irremediable." Opina de esta forma Giorgio Colli,[45] estudioso de los orígenes del pensamiento griego, llevado posiblemente a decir esto por sus profundas lecturas de F. Nietzsche. Sostiene que "el individuo y la colectividad se han alejado con el transcurrir de los siglos, a lo largo de caminos divergentes, y por eso continúan alejándose." Este proceso de alejamiento implica que "en la colectividad la expresión del individuo carece de eco, ya no relumbra, porque la armonía del mundo antiguo se ha perdido." En consecuencia, durante los dos últimos siglos sólo cobró relevancia la aparición de grandes personalidades destacadas por lo trágico de sus existencias:

> Nietzsche es un ejemplo clamoroso, emblemático, de este destino. Como es excepcional su pudor, la lucha temeraria, desesperada, de quien se siente destinado a sucumbir, y a pesar de todo intenta enmascarar su suerte. Nietzsche aspira a una vida íntegra, y sólo quiere aparecer como íntegro. En esto es "antiguo": estima degradante revelar, exhibir la vida fragmentada como tal [...] Cuando a pesar de todo, la dilaceración aparece, Nietzsche logra

---

44 Vattimo, G. (1983), 221-227.
45 Colli, G. (1988), 152-153. Todos los párrafos citados a continuación corresponden a estas páginas.

presentar la efusión, el desmoronamiento de los diques, como mentira poética. Pero esta máscara de la plenitud, la comedia de la integridad es insostenible, favorece la consumación de lo que quiere ocultar, la disolución de la persona. [...] Nietzsche, en un mundo que tritura al individuo, fue capaz de hacernos ver al individuo no doblegado por el mundo.

Con cierta amargura G. Colli considera meritorio el logro nietzscheano porque tanto en su época, como todavía hoy, se da una cierta "complacencia en mostrar la vida fragmentada, el individuo fracasado."

Se desprende de las reflexiones nietzscheanas que la fragmentación de los particularismos va acompañada también por el rechazo a pensar teleológicamente el curso de la historia, que resulta así una verdadera ficción junto con la ilusoria pretensión del conocimiento. Refuerza esta interpretación M. Foucault cuando frente a las ensoñaciones nietzscheanas se encuentra con que se halla en la historia la prolongación de la fisiología puesto que -casi burlonamente- Nietzsche dice: "el sentido histórico está mucho más próximo de la medicina que de la filosofía".[46] Reconoce entonces M. Foucault que "el sentido histórico, tal como Nietzsche lo entiende, se sabe perspectiva". Por tanto la historia no debería servir a la filosofía narrando el nacimiento necesario de la verdad y del valor sino que le correspondería a la historia más bien el conocimiento "de las cumbres y de los hundimientos, de los venenos y de los contravenenos."[47] De manera que:

---

[46] Nietzsche, F. *Crepúsculo de los ídolos.* Incursiones de un intempestivo, #44.

[47] Tal como lo presenta Nietzsche, F. *El viajero y su sombra*, #188.

La historia genealógicamente dirigida, no tiene por
meta encontrar las raíces de nuestra identidad, sino,
al contrario, empeñarse en disiparla; [...] intenta
hacer aparecer todas las discontinuidades que nos
atraviesan [...] no hay conocimiento que no repose
sobre la injusticia...y a la vez el instinto de
conocimiento es malo...el querer-saber no nos
acerca a una verdad universal; no da al hombre un
exacto y sereno dominio de la naturaleza; al
contrario, no cesa de multiplicar los riesgos; en
todas partes hace crecer los peligros; abate las
protecciones ilusorias; deshace la unidad del sujeto;
libera en él todo lo que se empeña en disociarlo y
destruirlo.[48]

No cabe duda que las discontinuidades[49] fueron
percibidas a comienzos del siglo XX con una agudeza tan
lacerante que las rupturas se expandieron a todos los
ámbitos, ya sea como individualidades o procesos
inconexos, o bien como diversos campos del ser carentes
de participación entre ellos, sumado a la inconmensurable
lejanía divina. La sumatoria de todos los quiebres puede
seguirse a través de las búsquedas exploradas por este
libro.

---

[48] Foucault, M. (1988), 52-53; 54; 67-68; 70-71.

[49] En esa línea, el *eterno retorno* como evento, de acuerdo con la
interpretación de Heidegger en su libro *Nietzsche*, cumple un papel
central en la historia del ser en la época moderna caracterizada por
el triunfo del subjetivismo y el voluntarismo, cf. Vattimo, G. (1987),
189, nota 1. Además M. Cacciari destaca: "el Anticristo
nietzscheano funda el propio 'poder' sobre su concepción del
tiempo" (101) y "la crítica del Sujeto es, por tanto, verdaderamente
la piedra angular de la crítica nietzscheana" (108), en Cacciari, M.
(1994), 99-138.

En una conferencia sobre la lírica moderna, poco antes de que concluya el s. XIX, Rilke se explica a sí mismo:

> Considero al arte como la búsqueda de alguien único, singular, con   el objeto de llegar, a través de angustia y oscuridad, a un entendimiento con todas las cosas, las más pequeñas y las más grandes, para acercarse con estos diálogos continuos, a las últimas, sumisas fuentes de toda vida. El secreto de las cosas se funde en su interior con sus sensaciones más profundas y adquiere una voz, como si fuera su nostalgia. La rica lengua de estas íntimas confesiones es la belleza.[50]

Podría ayudarnos a dimensionar las honduras de los fortísimos adelantados de los que nos ocuparemos con esta obra: Lou Andreas-Salomé, Federico Nietzsche, Rainer María Rilke, Sigmund Freud, verdaderos *Übermenschen* "superhombres", la sutil distinción entre "*subjetividad*" entendida como una base estructural, "*singularidad*" como expresión de individualidad radical y la "*ipseidad*" como intersección entre la subjetividad y la singularidad.[51] Queda comprendido con estas categorías el desenvolvimiento personal del yo en su contexto. Evoca al *Dasein*, el ser-ahí, el ser-en-el-mundo, o sea el riquísimo ámbito -ni pura subjetividad, ni extroversión total en la exterioridad- dentro del cual puede vislumbrarse *el sentido*. Una pluralidad de horizontes configura un mundo significativo en una correlación permanente, intermitente, oscilante entre la dimensión endógena de la inmanencia y la exógena del

---

[50] Rilke, R. M. (1981), 30.
[51] Schnell, A. (2017), 109-124.

afuera porque consiste en instalarse en el campo de una vibración constante. Tal como lo fue gozosamente cantado por Rainer Maria Rilke para expresar la fogosidad creadora. Por ejemplo, en *Sonetos a Orfeo* II.10:

> Mas para nosotros la existencia todavía tiene encantos. En cien lugares es una fuente (*Ursprung*) ... Un juego de energías puras al que nadie toca, si no cae antes de rodillas y lo admira. Las palabras rondan aún suavemente junto a lo Indecible y la música, siempre nueva, edifica en el inutilizable espacio, desde las más trémulas piedras, su divinizada mansión.[52]

Poco después del encuentro de Rainer con Lou, él realiza en 1898 un viaje de aprendizaje a Italia. *Casi como* una ofrenda para ella -"la espléndida"- escribe *Das Florenzer Tagebuch, El diario florentino,* con la intención de describirle su progresivo crecimiento interior, y exclama, exaltado: "cómo me has vuelto vasto", "festivo". Y le cuenta que "cada uno, en sus profundidades, es como una iglesia". "Dichoso entonces quien lo siente, lo encuentra y lo descubre en secreto. Se hace a sí mismo un gran regalo. Sabrá recobrar su patria en sí mismo."[53]

En definitiva, dada la amplitud del campo de la subjetividad, repasar los impulsos desencadenados a comienzos del siglo XX, nos muestra cómo los "adelantados", que iniciaron sus búsquedas casi con el nacimiento del siglo, continúan ejerciendo un poderoso influjo, del que deberíamos hacernos cargo, porque nos

---

[52] Cf. "Rilke, témoin du spirituel" en Marcel, G. (1944), 297-358.

[53] Rilke, R.M. (1981), 158-159.

incumben muy íntimamente. Cada capítulo de este libro se concentra en desplegar algún aspecto del ciclópeo proceso intelectual, social, religioso cuyos ecos están aún vigentes.

Lou Andreas-Salomé: Cronología

1861-Louise Andreas-Salomé nació como única y última hija del General Gustav von Salomé y su mujer Louise en San Petersburgo.

1878-La niña se niega, por razones de conciencia, a recibir la confirmación. En mayo, a los 17 años, conoce al más grande predicador en lengua alemana de San Petersburgo, el pastor holandés Hendrik Gillot, y pronto toma lecciones particulares con él.

1880-Es confirmada en Holanda por Gillot, puesto que sólo puede salir de Rusia quien está confirmado. En septiembre comienza sus estudios en Zürich.

1882-Es mandada al sur debido a su tos con sangre. En febrero conoce en Roma a Malwida von Meysenbug; en marzo conoce a Paul Rée y en abril a Friedrich Nietzsche. En el verano viaja con Rée a Stibbe, escucha el "Parsifal" de Richard Wagner en Bayreuth. Del 9 al 26 de agosto es huésped de Nietzsche en Tautenburg, en la cercanía de Dornburg. A partir de septiembre vive con Rée en Berlín, en una libre comunidad pensante.

1885-Aparece su primer libro *En lucha por Dios* (*Im Kampf um Gott*). El héroe trágico es una semblanza de Nietzsche.

1886-El 1° de noviembre se compromete con el orientalista Friedrich Carl Andreas.

1887-El 20 de junio se casa con Andreas, después de la partida a principios de año de Rée.

1891-En diciembre conoce más de cerca a Frieda von Bülow y a Georg Ledebour.

1892-Publica *Figuras femeninas de Henrik Ibsen* (*Henrik Ibsens Frauengestalten*).

1894-De febrero a septiembre reside en París. Publica *Friedrich Nietzsche en sus obras* (*Friedrich Nietzsche in seinen Werken*).

1895-Aparece *Ruth*, la novela de sus años juveniles. Visita San Petersburgo y Viena, donde conoce a los hermanos Pineles en diciembre.

1896-Aparece *Desde el alma extraña* (*Aus fremder Seele*). Conoce a Helene von Klot-Heydenfeldt, luego (su apellido de casada) Klingenberg.

1897-Rainer Maria Rilke y Lou Andreas-Salomé pasan el verano en Wolfratshausen, cerca de München. Ella lo lleva consigo a Berlín.

1898-Aparece *Fenitschka. El desenfreno* (*Fenitschka. Eine Ausschweifung*). Muere Eugenio, su hermano preferido.

1899-Publica *Hijos del hombre* (*Menschenkinder*). Viaje a Rusia con Rilke y su marido.

1900-Del 7 de mayo al 22 de agosto Lou Andreas-Salomé y Rainer Maria Rilke viajan por Rusia. A continuación,

Rilke es "relegado" a Worpswede. El 25 de agosto muere Friedrich Nietzsche.

1901-Aparece *Ma. Un retrato* (*Ma. Ein Porträt*). Lou comienza "*Rodinka*", una novela de su patria. En febrero se separa de Rilke, quien se casa con la escultora Clara Westhoff. Lou Andreas-Salomé se reencuentra con el médico judío Friedrich Pineles y será su compañera durante ocho años. Paul Rée muere el 28 de octubre.

1902-Aparece *En el país del entre* (*Im Zwischenland*). Emprende con Pineles excursiones a pie por la cordillera austríaca Hohen Tauern.

1903-Andreas recibe un cargo en la Universidad de Göttingen. Encuentran una casa en Hainberg. Rilke quiebra la prohibición de dirigirse a Lou. Le es lícito escribirle.

1904-Lou comienza la novela *La casa* (*Das Haus*) con Loufried [el nombre de su propia casa] como centro y seres humanos reales que la habitan. Viaja con Pineles a Escandinavia, donde Rilke trata inútilmente encontrarla. Prosigue el viaje hacia su familia en San Petersburgo.

1905-Para Pentecostés visita Rilke a Lou en Loufried, ambos prosiguen viaje a lo de Helene Klingenberg en Harz. Pineles y Lou pasan el verano en Francia. En este año visita a menudo a Helene Kilngenberg en Berlín y se sumerge otra vez en el mundo teatral berlinés de Reinhardt.

1908-Emprende con Pineles un viaje por los Balcanes y encuentra allí un pedazo de Rusia.

1909-Muere su amiga Frieda von Bülow de cáncer el 12 de marzo.

1910-Aparece *El erotismo* (*Die Erotik*).

1911-En agosto visita en Suecia a Ellen Key, la "descubridora de la infancia", cuyos libros había criticado. Conoce allí al psicoterapeuta sueco Poul Bjerre, con quien tiene un breve romance y quien la conecta con el psicoanálisis. Juntos viajarán en septiembre al Tercer Congreso Psicoanalítico en la ciudad de Weimar.

1912-Lee los escritos de Freud, se encuentra por última vez con Bjerre para Pentecostés en Rügen. A partir de octubre estudia psicoanálisis con Freud en Viena.

1913-En enero muere su madre Louise von Salomé a los 89 años en San Petersburgo. En abril finaliza su semestre psicoanalítico. Aparece su primer artículo con fundamento psicoanalítico "Acerca del temprano servicio divino" (*Vom frühen Gotttesdienst*). En septiembre participa del trascendente Congreso Psicoanalítico en München y viaja luego con Rilke, pasando por Dresde, a la cadena montañosa Riesengebirge, de los Sudetes, región de la triple frontera de Alemania, Polonia y República Checa. Comienza con su consultorio psicoanalítico en su casa de Hainberg, Göttingen.

1914-Con el comienzo de la Primera Guerra Mundial un planeado encuentro con Rilke en München fracasa. Aparece *Sobre el tipo mujer* (*Zum Typus Weib*).

1915-Muere el hermano mayor Alexander von Salomé.

1916-Se publica el artículo "Anal y sexual" (Anal und Sexual). Muere Hendrik Gillot.

1917-Aparecen el artículo "Psicosexualidad" (*Psychosexualität*) y *Tres cartas a un joven* (*Drei Briefe an einen Knaben*).

1919-Rilke y Lou Andreas-Salomé se encuentran por última vez en München en medio del caos de la posguerra. En julio Victor Tausk se suicida.

1921-Se publica el ensayo *El narcisismo como doble dirección* (*Narzissmus als Doppelrichtung*) y la novela *La casa* (*Das Haus*).

1922-Aparecen con trasfondo psicoanalítico *El diablo y su abuela* (*Der Teufel und seine Grossmutter*) y *La hora sin Dios* (*Die Stunde ohne Gott*). El 31 de marzo da Anna Freud una conferencia -con huellas de sus conversaciones con Lou- en la Asociación Psicoanalítica de Viena sobre "Golpe de fantasía y sueño diurno" (*Schlagephantasie und Tagtraum*). El 13 de junio, a raíz de esa conferencia, se incorpora a Lou Andreas-Salomé en la Asociación Psicoanalítica de Viena. Del 25 al 27 de septiembre participa del Congreso Psicoanalítico Internacional en Berlín.

1923-Se publica *Rodinka. Un recuerdo ruso* (*Rodinka. Eine russische Erinnerung*).

1926-El 29 de diciembre muere Rainer María Rilke.

1928-Aparece el libro *in memoriam Rainer María Rilke*.

1930-El 3 de octubre muere Friedrich Carl Andreas.

1931-Aparece la carta abierta con ocasión de los 75 años de Sigmund Freud "Mi gratitud a Freud". Conoce a Ernst Pfeiffer.

1933-La visita el hijo menor de su hermano mayor, Konrad von Salomé, Capitán de Caballería del ejército zarista. Lou lo adopta. Se encuentra nuevamente con el especialista en Kleist, Ernst Pfeiffer, quien llegará a ser la persona de mayor confianza en sus últimos años.

1934-Lou Andreas-Salomé le confía su legado a Ernst Pfeiffer. Inicia con el amigo de Pfeiffer, Josef König, Profesor de Filosofía de la Universidad de Göttingen, estudios sobre Teoría del Conocimiento. En septiembre adopta a María Apel, la hija de su ama de llaves, quien creció en Loufried y la cuidó en su vejez.

1935-Ante una operación de cáncer de mama, deja a su última paciente. Muere Elisabeth Förster-Nietzsche.

1937-Al atardecer del 5 de febrero muere Lou Andreas-Salomé en su casa en Göttingen.

Decker, K., (^{9}2020), *Lou Andreas-Salomé,* 355-358. Traducción del alemán por M. G. Rebok.

Bibliografía

Andreas-Salomé, Lou. (2018). *Mirada retrospectiva. Compendio de algunos recuerdos de la vida.* Edición original al cuidado de Ernst Pfeiffer. Traducido del alemán por Alejandro Venegas. Madrid: Alianza.
Andler, Charles. (1958). *Nietzsche. Sa vie et sa pensée.* 3 vol. Mayenne: Gallimard.
Cacciari, Massimo. (1994). *Desde Nietzsche. Tiempo, arte, política.* Buenos Aires: Biblos.
Chaix-Ruy, Jules. (1964). *La pensée de Nietzsche.* Seine et Oise: Bordas.

Colli, Giorgio. (1988). *Después de Nietzsche*. Barcelona: Anagrama.

----- (2010). *La sabiduría griega*. 3 vol. Madrid:Trotta.

Deleuze, Gilles. (1973). *Nietzsche et la philosophie*. Paris: Presses Universitaires de France.

Foucault, Michel. (1988). *Nietzsche, la genealogía, la historia*. Valencia: Pre Textos.

Gadamer, Hans Georg. (1996). *La actualidad de lo bello*. Barcelona-Buenos Aires-México: Paidós.

Jaccottet, Philippe. (1970). *Rilke par lui-même*. Bourges: Éditions du Seuil.

Marcel, Gabriel. (1944) *Homo viator*. Paris: Aubier, 297-358.

Merleau-Ponty, Maurice. (1964). *La fenomenología y las ciencias del hombre*. Buenos Aires: Nova.

Rilke, Rainer Maria. (1981) *Il diario fiorentino*, a cura di Giorgio Zampa. Milano: Rizzoli [*Das florenzer Tagebuch*, 1898].

----- (1973). *Diario Florentino*, prólogo y versión de M. Masola. Buenos Aires: Goncourt.

Schnell, A. (2017). "Ipséité, singularité, subjectivité ". *Annales de Phénoménologie* 16, 109-124.

Vallejo, Irene. (2021). *El infinito en un junco. La invención de los libros en el mundo antiguo*. Buenos Aires: Debolsillo-Siruela.

Vattimo, Gianni. (1983). *Il soggetto e la maschera. Nietzsche e il problema della liberazione*. Milano: Bompiani.

----- (1987). *El fin de la Modernidad. Nihilismo y hermenéutica en la cultura posmoderna*. Barcelona: Gedisa.

Lou von Salomé y Friedrich Nietzsche: el encuentro de dos espíritus libres

Zulema Pugliese

"Nuestro orden social se fundirá lentamente, como se fundieron los órdenes anteriores…"
F. Nietzsche

1.Esbozos de las relaciones interpersonales en el ámbito cultural europeo de 1880.

1.1.Comportamiento de la sociedad frente a la novedad: el teatro amplía horizontes

A finales del siglo XIX nos encontramos con un cambio raigal en el modo de relacionarse las personas entre sí, y con respecto a la sociedad en general. Ha sido un "cambio epocal" tan intenso que aún en nuestros días sigue latente sin haber sido resuelto por completo.

Al preguntarnos si este suceso se dio de modo repentino, vimos que no, que se había ido gestando en diferentes ámbitos, lugares y a través de distintas disciplinas de forma aislada hasta lograr unificarse y, al ser aceptado con el correr de los años, dio forma a un nuevo paradigma que marcó al siglo XX desde su comienzo.

Hubo muchas voces que clamaban por este cambio necesario, vital y en este capítulo vamos a enfocar el tema de la mano de algunos autores que dejaron su huella en el teatro, la literatura y la filosofía.

Nos gustaría comenzar destacando como ejemplo la labor de Henrik Ibsen[54], quien a través de sus obras teatrales mostró la hipocresía y corrupción que reinaba en la sociedad noruega. Sus obras fueron en principio prohibidas en Europa porque, según sus detractores, iban en contra de las normas de buena conducta que regían en aquel momento. Recordemos que la sociedad europea se sostenía sobre una base victoriana muy estructurada y con leyes estrictas. Ibsen, en sus obras *Casa de Muñecas* (1879) y *Hedda Gabler* (1890)[55], realiza un estudio minucioso de la opresión a la que estaban sometidas las mujeres y muestra un arco de cambio en los personajes femeninos de estas obras que las lleva a actuar de distinto modo a pesar que ambas buscan lo mismo, su libertad: una da un portazo dejando atrás una vida vacía y la otra utiliza un revólver. Cabe aquí rescatar que lo importante en estos dramas es que desde la angustia e incomprensión sufrida por las protagonistas, brotó la decisión de un cambio radical.

Estos albores del realismo socio-crítico generaron polémica, desconcierto y muchas veces escándalo ya que los fundamentos de la sociedad eran cuestionados en lo que se consideró un ataque a la familia como base sólida e imperecedera. Ibsen insistió en que las mujeres eran juzgadas por códigos masculinos por los cuales no se les permitía ser auténticamente ellas mismas, desembocando

---

[54] Henrik Ibsen, 1828-1906. Poeta y dramaturgo noruego considerado el padre del drama realista moderno. Escribió poemas y obras para teatro. Vivió también en Roma y algunas ciudades de Alemania. Se interesó por problemas sociales de su época, especialmente los que enfrentaban las mujeres en una sociedad regida por normas masculinas.

[55] Ibsen, H. (2005).

en vidas plagadas de aburrimiento, angustia y mediocridad.

En este contexto, consideramos que la obra de Ibsen más representativa sobre el tema de las relaciones interpersonales es *Espectros*[56] escrita en 1881. Aquí nos encontramos con la historia de Helen, una viuda reciente que confiesa que su esposo, el respetado capitán, era en realidad alcohólico y mujeriego. Sin embargo, ella ocultó la penosa situación por la que atravesaba por insistencia del Pastor de su congregación, quien le advirtió del rechazo que sufriría por parte de la comunidad en caso de dar a conocer su pesar y le aconsejó seguir soportando una vida miserable guardando las apariencias. Es un claro ejemplo de la víctima juzgada como culpable por una sociedad con valores ficticios e indiferente.

Ibsen nos ha presentado personajes de extra-ordinaria complejidad, tan impecablemente construidos que más de una vez se sospechó que habían sido tomados de la realidad. A su vez, insistía en la necesidad de permitirle a la mujer desplegar su personalidad y realizar sus elecciones libremente: tema por el cual no podía llevar sus obras a escena. Y, como es sabido, cuanto más se prohibían, más curiosidad e interés hacia ellas se despertaba en la sociedad.

Así las cosas, con un Ibsen prohibido y una Europa blindada a nuevas propuestas, la solución al conflicto aparecerá de la mano de un proyecto tan insólito como arriesgado liderado por una joven de San Petersburgo, que compartía ideas modernas y les daba forma literaria a través de artículos que lograban rápida difusión. Su nombre era Louise von Salomé.

---

[56] Ibsen, H. (1909).

La joven Lou, de apenas 17 años, viajó desde Rusia a Zúrich acompañada de su madre para estudiar Filosofía y Literatura. Luego de 2 años en Suiza, y por motivos de salud, se trasladó a Roma en busca de mejor clima y fue bien recibida por el círculo cultural más elevado de Europa en ese momento: ingresó de la mano de Malwida von Meysenbug (1816-1903), la famosa mecenas de las artes. Malwida había estado involucrada en los movimientos revolucionarios desatados en Alemania en 1848, lo que le valió la expulsión del país por 4 años. Expatriada en Londres, escribió un libro titulado *Memorias de una idealista* que Lou había leído y ahora, en Roma, se dedicaba a ayudar y promover a talentosos escritores y músicos.[57]

Pero ¿cómo logró Lou incorporarse a su particular entorno?, nos preguntamos. Pues bien, su maestro de Historia del Arte, Gottfried Kinkel, quien admiraba los poemas de Lou, le escribió una carta de presentación para entregar a su amiga Malwida y así introducirla en su círculo cultural. A su vez, cabe aquí destacar que Lou von Salomé poseía una personalidad atrapante y encanto propios que la convertían en una persona interesante y agradable para dialogar. Era vista como la encarnación del espíritu ruso y despertaba curiosidad por poseer una

---

[57] A pesar de su origen aristocrático y de pertenecer a una acaudalada familia, Malwida fue toda su vida una idealista revolucionaria, feminista y fiel seguidora de Wagner. Obtuvo cierto éxito como escritora y se mantuvo profundamente interesada en cada aspecto cultural e intelectual de su época.

armoniosa mezcla de altos valores espirituales sumada a vivencias amalgamadas en la línea fronteriza entre un Oriente lleno de simbología y un Occidente deseoso de descifrarla. A esto podemos agregar también, su aguda inteligencia, facilidad de palabra y gran belleza. Era realmente un imán para quienes la conocían ya que brillaba en ella la franqueza rusa del rostro del alma.

Lou von Salomé contaba sólo 20 años en ese entonces, hablamos de 1882, y trataba de resolver su conflicto interior con respecto a la religión, que no daba respuestas a sus cuestionamientos. Buscaba una religiosidad distinta, es decir, un modo diferente de práctica religiosa más personal. Lou pertenecía a la Iglesia Evangélica Reformada[58], al igual que su familia, con fuerte raigambre en hugonotes alemanes y holandeses. En esta congregación se instaba a estudiar Filosofía a la par de Teología ya que fe y razón eran consideradas complementarias, no contrapuestas, y brindaban un conocimiento general más abarcativo. Lou se interesó especialmente en el tema de la *transitoriedad,* y hacia allí se orientaron sus investigaciones. Fue en principio una curiosidad que se despertó en ella de niña a raíz de una historia que le contó un labrador que proveía víveres a su casa y ella recordará años más tarde en sus memorias. Según el cuento, una pareja fue a buscar asilo a la casita en miniatura que Lou tenía en su jardín, el labrador no los dejó entrar y la pequeña Lou se preocupó porque, quizás, habrían permanecido a la intemperie con

---

[58] La Iglesia Evangélica Reformada se estableció en Rusia gracias a la gestión ante el zar Nicolás I, del padre de Lou el general del Ejército Imperial Gustav von Salomé. Esto condicionaba a Lou quien, a pesar de haber perdido la fe, seguía asistiendo a los oficios religiosos por obligación.

temperaturas tan bajas. El relator le aseguró que la pareja no se había marchado:

-Bueno, irse, no se habían ido, me dijo.

-Entonces ¿seguían parados delante de la casita?

-Bueno, tampoco eso: porque en realidad se habían ido transformando poco a poco, se habían ido haciendo cada vez más delgados y pequeños: hasta tal punto habían venido a menos, que al final se habían hundido por completo; porque una mañana, al barrer delante de la casita, sólo había encontrado los negros botones del abrigo blanco de mujer, y del hombre entero no quedaba más que un sombrero abollado; pero el lugar donde encontró estos restos estaba todavía cubierto de sus lágrimas congeladas.[59]

Ese enigma de cómo dos muñecos de nieve, tan incuestionablemente existentes para la niña, pudiesen desvanecerse, la llevó a pensar en el momento en que nos sucede algo análogo con un ser humano de carne y hueso que nos hace sentir abandonados y hasta traicionados debido a su ausencia. Así se sintió la pequeña Lou, cuando el Dios a quien le hablaba todas las noches y le confiaba sus secretos no le respondió acerca de la "desaparición" de las personas reales ni la orientó en la búsqueda de una respuesta.

El buen Dios también había desaparecido. Y esto tenía ribetes catastróficos, según la propia Lou:

Pues no solamente de mí desapareció el Dios que había estado pintado sobre la cortina, sino que desapareció del todo, para el universo entero.[60]

---

[59] Andreas-Salomé, L. (2018), 19.
[60] *Ibídem.*

La búsqueda de la joven Lou se orientaría desde entonces hacia filósofos de la talla de Kant, Schiller, Fichte, Kierkegaard, Voltaire y, especialmente, Schopenhauer, en quienes buscaría respuestas originarias y, buceando en sus obras, averiguaría el modo de eliminar restos metafísicos de su pensar. No obstante, sabía que necesitaba certezas, verdades inmutables, ya que si todo cambia, le sería difícil la comprensión y el análisis profundo porque la mirada quedaría limitada al corto plazo, a lo breve del instante fugaz.

Años más tarde, en sus memorias, recordaría:
Pero junto a este resultado negativo, lo infantil precisamente de la desaparición de Dios retuvo también lo positivo: haberme remitido, con la misma inapelabilidad, a la vida de lo real en torno a mí.[61]

Así es como Lou, de ser una niña mimada de la aristocracia zarista, pasó en pocos años a ser una intrépida e incansable joven investigadora que busca, en primer lugar, resolver un conflicto interior como es la pérdida de la fe heredada y, además, desentrañar un enigma tan insondable como inalcanzable: confirmar la existencia de lo divino.

1.3. Encuentro de Lou con Paul Rée y Friedrich Nietzsche

Afortunadamente, durante una visita a la casa romana de Malwida von Meysenbug en *Vía della*

---

[61] *Ibíd.*, 19.

Polveriera, Lou conoció a quien marcaría el rumbo de su trabajo: Paul Rée.

Rée[62] era un joven filósofo de 33 años, brillante, positivista, dedicado al estudio de la conciencia y con una definida concepción científica y realista de la vida. Al conocerla, queda impactado por la inteligencia de Lou y, lógicamente embelesado. Durante sus charlas, ella le cuenta su proyecto de formar una *"trinidad intelectual"* dedicada a la investigación filosófica. Con ese fin, Rée le propuso incorporar a un amigo filósofo llamado Friedrich Nietzsche que se encontraba de momento en Génova, como el tercer integrante.

En esos tiempos, Nietzsche era conocido fundamentalmente por dos de sus obras: *El nacimiento de la Tragedia* y *Consideraciones Intempestivas*. Además, había publicado recientemente *Humano demasiado Humano* y *Aurora*. Según Rée, sería el tercero ideal para la futura "Trinidad", como ellos gustaban llamarse, ya que su modo de ver y comprender ciertos temas se asemejaba a las ideas de ambos.

Los tres cuestionaban los valores éticos y morales imperantes en la sociedad y, enfocados en esta tabla de valores, se preguntaban en qué circunstancias se había establecido esa jerarquía reinante que disponía cuáles acciones ennoblecían al ser humano y cuáles lo degradaban. Este era un tema de importancia capital puesto que desde esa valoración se establecen las reglas de conducta y comportamiento, es decir, se juzga "lo que

---

[62] Paul Ludwig Karl Heinrich Rée: Bartelshagen, Pomerania 21.11.1849 - Celerina, Suiza, 28.10.1901, Filósofo y Médico. Fue el segundo hijo de un propietario de tierras, de origen judío originario de Hamburgo. Su interés se centró en el estudio de la Filosofía Moral, si bien, su padre lo orientó también a estudiar Derecho en la Universidad de Leipzig.

está bien o mal". De este modo, si el "cómo comportarse" es como se responde ante la valoración que la sociedad hace de nuestras acciones, sería lógico saber qué tipo de humano se está criando y cuál es la referencia o parámetro.

Ya Nietzsche había tratado esta cuestión en *Humano demasiado Humano* diciendo:

–Ser moral, tener buenas costumbres, ser virtuoso, todo esto significa practicar la obediencia hacia una ley y una tradición de remoto abolengo. Es cosa indiferente que nos sometamos a ella de buen o mal agrado; basta que nos sometamos. (…) La manera como se ha formado esta tradición es indiferente desde este punto de vista; en todo caso se ha formado sin consideración al bien o al mal o a cualquier imperativo inmanente y categórico, sino ante todo en vista de la conservación de una comunidad...[63]

Las "buenas" costumbres, según Nietzsche, son entonces saludables y provechosas para la sociedad y lograrían unir lo agradable a lo útil sin demasiada reflexión y se encontrarían en oposición a tentativas nuevas de dudosa eficacia.

El origen de la tradición sería entonces indiferente y sin relación al bien o al mal: sólo nacería atendiendo a la conservación de una comunidad, de una raza, o de un pueblo. Sostiene Nietzsche que apenas el hombre puede ejercer cualquier dominio, intenta conservar y propagar

---

[63] Friedrich Nietzsche: *Menschliches, Allzumenschliches*. Kritische Studienausgabe: Herausgegeben von Giorgio Colli und Mazzino Montinari. Verlag de Gruyter. Band 2. Berlin (1999), 92-93. § 96. Nietzsche, F. (1962), 296, § 96.

sus costumbres, ya que se siente más seguro con lo habitual y conocido que supone son la sabiduría garantizada. Pero para ello se necesita que "alguien" con autoridad imponga qué debe hacerse y qué está prohibido.

La primera condición para establecer las bases de la moralidad es que un individuo más fuerte o un individuo colectivo, por ejemplo, la sociedad, el Estado, someta a los individuos y, por consiguiente, los saque del aislamiento y los reúna en un lazo común. La moralidad no aparece sino después de la coacción; es más: durante algún tiempo no es más que una coacción a la que los hombres se someten para evitarse disgustos. Más tarde se convierte en una costumbre, y luego en una libre obediencia, hasta que, por fin llega a ser un instinto; entonces es, como todo lo que es habitual y natural desde largo tiempo, es placentero y toma el nombre de virtud.[64]

Estas ideas nietzscheanas son las que también Rée había desarrollado en su libro *El origen de la consciencia* y las consideraba afines al pensar de Lou. La Modernidad les aparecía entonces a los tres caracterizada por el agotamiento de los valores, al dejar de lado la llamada a lo Sagrado, y la sumía cada vez más en una época de pobreza cultural.

El primer encuentro entre Lou y Nietzsche se produjo en la Iglesia de San Pedro donde ella y Rée solían encontrarse para estudiar en un confesionario orientado para aprovechar la luz solar. Pero, es muy interesante la frase que Nietzsche dijo a Lou en su presentación: "Su primer saludo al mío fueron las palabras: «¿Desde qué

---

[64] *Ibíd.*, 298. § 99.

estrellas hemos venido a caer aquí, uno frente al otro?»"[65], recordará Lou tiempo después. A lo que ella habría respondido: "No sé usted, yo por mi parte vengo de Zúrich."

Claramente ya se manifiestan dos modos singulares de ser. Sería el encuentro entre un soñador, aquel a quien el espíritu hace volar su imaginación frente a una mente racional y con los pies en la tierra ("vengo de Zúrich").

Así es como, de manera informal y entusiasta, se forma lo que ellos denominaron la *Trinidad intelectual,* dispuesta a trabajar y publicar el resultado de sus investigaciones. En ese momento Lou tenía 21 años, Rée 33 y Nietzsche 38.

2.Inicio del trabajo en común

2.1.La Trinidad define los temas a investigar

Las cuestiones que se presentaron para la futura investigación fueron: Dios, religiosidad, moral y sexualidad, a los que los tres consideraban no como ámbitos separados sino como una unidad.[66] Para ellos sería imposible ver uno sin los otros. Una vez acordados los temas, Paul Rée decidió tomar unos días de vacaciones en la finca familiar en Stibbe bei Tütz[67], mientras Lou y Nietzsche fueron a Tautenburg para iniciar el trabajo en común.

---

[65] Andreas-Salomé, L. (2018), 88.

[66] Exactamente los mismos temas tratados por Henrik Ibsen en su obra *Espectros.*

[67] En Prusia Occidental.

Lou estaba perfilando lo que sería su primera publicación: *En lucha con Dios,* que se concretaría en 1885. En esta obra, muy bien recibida en Europa, Lou Salomé cuestionó el modo en que se le presentaba la fe y las diferencias entre lo impuesto por la sociedad que no encuentra cabida en el corazón del creyente, por un lado, y la búsqueda personal de la divinidad que logra la estabilidad emocional por otro.

A la fe abrazada fervientemente por Lou en su niñez, le había seguido un período de descreimiento total que le provocaba un profundo vacío espiritual. Consideraba que la fe no era algo, sino una relación, por lo tanto se cuestionaba si se recibe como un don. La fe sería, más que *algo* a conquistar, lo que se debería asumir de una relación en la que decido estar o no.[68]

Ahora bien, según Lou el conflicto surgiría entre deseo y verdad, entre las expectativas de los sentimientos y los conocimientos del espíritu, donde habría un desequilibrio. ¿Qué surge entonces cuando se desvanecen aquellas creencias antiguas y tempranas? Nos dice Lou:

> A esta pregunta sólo podría responder honestamente lo siguiente: pues en ninguna otra cosa que en la propia desaparición-de-Dios. Porque lo que quedaba por debajo de todo, no importa cómo se mudasen las superficies todas del mundo y de la vida, era el hecho inamovible del universo abandonado por Dios. Y puede que, en caso semejante, sea precisamente en lo excesivamente infantil de la

---

[68] Este tema es ampliamente desarrollado en el capítulo "La vivencia de Dios" en *Mirada Retrospectiva* (2018).

anterior figuración de Dios donde resida el que ésta
no sea reemplazable, re-adiestrable por formaciones
posteriores.[69]

Pero junto a este resultado negativo de la
desaparición de Dios, Lou rescata el haber encontrado
otra dimensión, profunda y raigal.

El resultado que esto tuvo ante todo para mí es la
cosa más positiva de la que mi vida tenga noticia:
una sensación fundamental de inconmensurable
comunidad de destino con todo lo que es, que se
despertó entonces oscuramente y no dejó ya nunca
de traspasarlo todo.[70]

Lou vio entonces que lo cotidiano, el mundo de las
cosas profanas, la llevaba a otra realidad: la del espíritu.

2.3. Proyecto de Nietzsche

Por su parte, Nietzsche estaba escribiendo *La
ciencia jovial* y tratando de dar forma a lo que llamaba *la
muerte de Dios* y a la noción de *caos*. ¿Cómo entiende
Nietzsche estos dos temas?

Para él, la muerte de Dios nos habla de una
ausencia, es decir, de lo que no está más, es un recuerdo.
Ni positivo ni negativo. Lo envuelve una amalgama de
nostalgia y disposición de duelo junto a un ímpetu
irrefrenable de *reconfiguración* y *resignificación* del
espacio sacro.

---

[69] Andreas-Salomé, L. (2018), 28.
[70] *Ibíd.,* 29.

Por otro lado, el concepto de caos tiene en Nietzsche un sentido positivo: es el *caos regenerador*. Considera que no es sólo confusión y desorden, es creación pura, desde el principio, desde lo primigenio.

Los antiguos griegos, según Nietzsche, han sido quienes supieron dar un sentido al caos: orientarlo a la vida. Lo aceptaban. El caos representa aquella interioridad, esa lucha y dolor del "uno primordial" anterior a toda apariencia. Los griegos habían organizado el caos no de manera física, sino de manera intelectual. Ellos utilizaron el esfuerzo mental para poder organizar su realidad. Pero luego, este modo de pensar se fue desdibujando y tomando caminos errados. Nos dice Nietzsche:

> Durante mucho tiempo el intelecto no ha producido más que errores. Algunos de ellos resultaron útiles y acertados para la conservación de la especie. Tales erróneos artículos de fe, que sin cesar se heredaron una y otra vez, finalmente se transformaron casi en un componente fundamental de la especie humana.[71]

Y a qué consideraba Nietzsche "errores" (*Irrthümer*), nos preguntamos.[72] Advertimos en su obra, por ejemplo, que consideraba error afirmar que hay cosas

---

[71] Nietzsche, F. (1999), 106. §110. "*Der Intellect hat ungeheure Zeitstrecken hindurch Nichts als Irrthümer erzeugt; einige davon ergaben sich als nützlich und arterhaltend: wer auf sie stieß, oder sie vererbt bekam, kämpfte seinen Kampf für sich und seinen Nachwuchs mit grösserem Glücke.*" En: *Friedrich Nietzsche. Morgenröte. Idyllen aus Messina. Die fröhliche Wissenschaft.* Kritische Studienausgabe: Heraus-gegeben von Giorgio Colli und Mazzino Montinari. Verlag de Gruyter. dtv. Band 3. Berlin 1999.
[72] Cf. Nietzsche, F. (1999), 106. § 110.

duraderas, idénticas; o decir que las cosas son lo que parecen ser; que nuestro querer es libre o que lo que es bueno para mí tiene también una bondad intrínseca. Afirmaba que sólo muy tarde aparecieron quienes lo desmintieron y pusieron en duda semejantes opiniones y cuestionaron su origen. Se podría decir que lo verdadero y bueno era únicamente lo que nos es familiar, lo heredado por la tradición.

Nietzsche intenta que se abran las puertas a los nuevos tiempos y pretende derribar el espíritu negador de la época:

> Pero bajo todas las circunstancias, lo nuevo es lo *malvado*, en tanto que lo que conquista quiere trastocar los antiguos límites y las antiguas piedades, ¡y sólo lo antiguo es lo bueno![73]

Volvemos así a la cuestión de fondo: intentar saber si las acciones realizadas antaño en un grupo social determinado para facilitar la conservación de la especie y su bienestar habían sido catalogadas como *buenas* en lugar de "útiles" para ese momento histórico específico.

> Los juicios «bueno» y «malvado» son la recolección de la experiencia acerca de lo «conveniente» e «inconveniente»; de acuerdo con ella, se llama «bueno» a lo que conserva la especie, por el contrario se llama «malvado» a lo que perjudica a la especie.[74]

Se desprende de este aforismo, que al pasar de los años, ciertas proposiciones van convirtiéndose en normas

---

[73] *Ibíd.,* 30. § 4. "… *und nur das Alte ist das Gute!*"
[74] *Ibíd.,* 44. Nietzsche se refiere aquí a la doctrina de Herbert Spencer.

ya no orientativas sino, más bien, determinantes de lo *verdadero* y lo *no verdadero*. De este modo, la fuerza de los conocimientos no reside en su grado de verdad comprobable, sino en su antigüedad.

Es decir que, a pesar de lo ilógico o de entrar en contradicción la vida y el conocimiento, no se libraba nunca una lucha seria; la negación y la duda se consideraban entonces fuera de lugar. Por este motivo, Nietzsche propone un regreso al *caos primordial* que nos encaminaría como humanidad, a encontrar los verdaderos valores necesarios para una reconstrucción social.

Sin embargo, la postura de la mayoría de los modernos en relación al caos ha sido contraria a lo que los griegos hacían y Nietzsche proponía. El filósofo consideraba que los modernos "organizan" el caos, escapan de él porque los confunde, los anula: necesitan que las cosas sean claras y distintas. Caos para el hombre moderno sería desorden, una situación incómoda y no habría nada positivo en él. Esa perspectiva se ancla en el sentido de historia que tiene el hombre moderno. Su noción de historia es progresiva ya que avanza hacia una perfección ideal. Por el contrario, la historia, para Nietzsche, no persigue un telos. No existe, en ese sentido, un fin al que la historia tenga como meta.[75]

Es así entonces que para Nietzsche, la ausencia de Dios, más que ser conflictiva, es un vacío que irá llenándose por otro tipo de seguridad y el caos regenerador será la posibilidad de un futuro mejor porque el pensar inicial volverá a conectarnos con el origen y así surgiría una nueva humanidad.

---

[75] Cf. Nietzsche, F. (1962), 53-101.

Según escribió Lou años después:

Pero en Nietzsche era posible sentir ya lo que había de llevarlo más allá de sus colecciones de aforismos y hacia el Zaratustra: el profundo movimiento de Nietzsche el buscador de Dios, que venía de la religión e iba hacia la profecía de la religión.[76]

Como vemos, Lou ya vislumbraba en él a un hombre religioso que buscaba una relación pura con lo Sagrado e intentaría, como profeta, comunicarla a los demás.

Destaquemos también que en su libro *Friedrich Nietzsche en sus obras*[77] de 1894, Lou describe su talento de modo minucioso:

El talento espiritual de Nietzsche se distingue por dos características que beneficiaron tanto al filólogo como, más tarde, al filósofo. La primera era su talento para las sutilezas, esa genialidad suya en el trato de las cosas más finas, que toma con mano suave y segura a fin de que no se las destruya o desfigure. Es lo mismo que, en mi opinión, haría de él más tarde un psicólogo mucho más fino que grande, ya que lograba captar y modelar los matices.[78]

Lou consideraba que Nietzsche sabía tratar con «la filigrana de las cosas». Percibía el rastro de lo escondido

---

[76] Andreas-Salomé, L. (2008), 91.

[77] *Friedrich Nietzsche in seinen Werken* von Lou Andreas-Salomé. (1894). Verlagsbuchhandlung, C. Konegen, Wien.

[78] Andreas-Salomé, L. (2005), 112.

y secreto, sabía exponer lo oculto a la luz. Y podríamos añadir también, su intuición y sensibilidad instintivas que complementan su conocimiento. Esto lo extrajo de su trabajo de filólogo: la meticulosidad por aquello que se había desvanecido o permanecía olvidado. Otra característica que Lou observaba en él, era que su genialidad estaba vinculada muy estrechamente con su enorme "fuerza artística", donde la mirada para lo sutil y singular se extendía de manera maravillosa en una perspectiva estética amplia que lograba rescatar del contexto general, ese detalle que tanto significado tiene.

3.¿Con qué Nietzsche se encontró Lou? Filólogo, filósofo, músico, profeta

3.1.Relación Nietzsche-Wagner

Cuando Lou acepta ir a Tautenburg, en Turingia, a trabajar con él, Nietzsche no puede contener su alegría y le escribe una sentida carta:

Mi querida amiga:

¡Ahora el cielo está claro por encima de mí! Ayer a medio día me parecía que fuera mi cumpleaños: usted envió su consentimiento, el mayor regalo que alguien hubiese podido hacerme ahora... Mi hermana mandó cerezas, Taubner envió los primeros tres pliegos de galeradas de *La gaya ciencia*-, y, por si fuera poco, la ultimísima parte del manuscrito está terminada definitivamente y, con ella, la obra de seis años (1876-1882), ¡todo mi «espíritu libre»! ¡Oh, qué años! ¡Qué torturas de todo tipo! ¡Qué soledades y qué hastío vital! Y, contra todo eso, como si dijéramos, contra vida y muerte, me procuré yo esta medicina mía, estos pensamientos míos con sus pequeñas, pequeñas franjas de cielo despejado encima; ¡oh, querida amiga! Cada vez que pienso en todo eso me conmuevo y enternezco e ignoro cómo pude conseguirlo: compasión por mí mismo y un sentimiento de victoria me embargan por entero. F.N.[79]

Apreciamos en esta carta que Nietzsche no oculta en absoluto la satisfacción que lo embarga al saber que Lou aceptó su invitación. Pero nos deja entrever acerca de un oscuro momento que lo había agobiado unos años atrás: *¡Oh, qué años! ¡Qué torturas de todo tipo! ¡Qué soledades y qué hastío vital!*

Deducimos que se refería a su alejamiento de Richard Wagner. Este distanciamiento de Nietzsche respecto de Wagner lo interpretaremos desde fundamentos ideales y desde motivos humanos, pero rescataremos lo que consideramos importante: fue una situación muy fuerte para ambos.

En primer lugar, debemos ubicar el hecho en el contexto histórico. Alemania entraba en la modernidad (décadas de 1860-70) y necesitaba una reforma educativa acorde a los tiempos. Nietzsche consideraba que había dos modos de educar: como se venía haciendo, como a un rebaño, masificando y siguiendo la tradición o, como él proponía, removiendo los cimientos de dicha tradición y llegando a esa Alemania arcaica, fuerte, mítica, propia de las raíces del pueblo germano, y manteniéndola alejada

---

[79] *Ibíd.*, 33-34.

de la política y la burocracia. Además, llegó a comentar sobre la educación en su país:

> Igualmente podemos ver una de las razones de la miseria de las condiciones intelectuales en el número exagerado de profesores; por ellos se aprende tan poco y tan mal.[80]

Son las palabras de un Nietzsche preocupado por la pérdida de la excelencia que solía caracterizar al sistema educativo germano, que últimamente priorizaba la cantidad a la calidad.

Para esta reconstrucción de la educación desde sus cimientos, Nietzsche confía en el talento filosófico y musical de Richard Wagner. Ambos habían compartido días de pausados diálogos e intercambio de ideas en Tribschen, Suiza, entre agradables paseos y reuniones musicales. Wagner sabía trabajar con destreza los mitos, el mejor elemento para los poetas, y se inclinó por una forma de música ideal que apuntaba directamente al sentimiento antes que a la reflexión. Consideraba al arte como la única respuesta posible ante el silencio de lo Absoluto y a la tragedia griega en particular, como el reconocimiento humano de sus propios límites ante lo Sagrado. La reforma cultural germana era todo un desafío, pero no un imposible si era guiada por un ser capaz de lograr una regeneración espiritual y social.

Nietzsche toma a Wagner como esa encarnación del ideal y su admiración culmina en un *culto al genio*. Nos dice Lou Salomé:

> En el genio, la Humanidad no solo posee su educador, su guía, su profeta, sino también su meta

---

[80] Nietzsche, F. (1962), 637. §282.

final, la más auténtica y exclusiva. La idea del «individuo sublime», y la de que solo en virtud de este existe el resto, los seres «fabricados en cadena por la Naturaleza», es uno de esos pensamientos fundamentales de Schopenhauer del que Nietzsche jamás se deshizo.[81]

Pero, en realidad, el culto al genio continúa dentro del parámetro metafísico. Se extenderá a una incesante hilera, a una cadena de tales «únicos» que poseen idéntico valor y dignidad, ya sea desde el punto de vista de su sentido o desde el de su naturaleza. Nos dice Nietzsche al hablar de la Historia:

> Un gigante llama a otro a través de los intervalos desiertos de los tiempos, sin que se turben por el estrépito de los pigmeos que gruñen a sus pies y continúan sus altivos coloquios de ingenio. A la historia le incumbe la tarea de meterse entre ellos, de dar continuo impulso a la creación de los grandes hombres, de darnos fuerza para esta creación.[82]

A pesar que estos «pigmeos gruñones» muchas veces determinan la evolución entera de la Historia, tanto en sus acontecimientos como en sus leyes, una cosa es segura:

> La meta de la Humanidad no puede estar al cabo de sus destinos, no se puede alcanzar más que en sus tipos más elevados.[83]

---

[81] Andreas-Salomé, Lou (2005), 130.

[82] Nietzsche, F.: *Obras Completas I. Sobre la utilidad y el perjuicio de la Historia para la vida (II «Intempestiva»)*, § 9, 92.

[83] *Ibídem.* // Cabe aquí recordar que una de las diferencias que tenía Nietzsche con los modernos era que estos veían la historia de modo lineal con el humano perfecto al final.

Nietzsche estaba seguro que esa categoría de seres "excelsos", donde ubicaba a su admirado músico[84], sólo expresan lo que descansa en el fondo de lo humano como su fundamento cósmico, diferenciándose del resto de los seres por una capacidad constitutiva de develamiento propia: por una desnudez divina, originaria. Por el contrario, el hombre común perteneciente a la masa, suele cubrir su verdadera naturaleza con velos superficiales que ni él mismo logra reconocer, creando una corteza inescrutable.[85]

Quizás, el hecho de haber hallado estabilidad en su alma, coincidencia en ideales y una patria espiritual en la visión del mundo que representaba Wagner, había colmado completamente sus expectativas como filósofo y, paradójicamente, es lo que precipitó la ruptura. Fue un distanciamiento total y, para Wagner, inesperado. Ocurrió cuando el músico compuso su poema sinfónico *Parsifal* y en él, abrazó tendencias catolizantes.[86] Es decir, Wagner compuso exactamente lo opuesto a lo que había estado conversando con Nietzsche en prolongadas veladas: ambos habían acordado que el sustrato *cristianizante* debía erradicarse para dar espacio a la raíz arcaica del pensamiento germano.

---

[84] Malwida von Meysenbug fue una de las primeras en reconocer el extraordinario talento wagneriano y fue su mecenas cuando lo encontró en París en una precaria situación económica. Desde ese momento guardaron una estrecha amistad: una amalgama de agradecimiento, proyectos en común y admiración.

[85] Cf. Andreas-Salomé, L. (2005), 131.

[86] *Parsifal* se estrenó el 26 de julio de 1882. Elisabeth Nietzsche y Lou Andreas-Salomé asistieron a la segunda representación, el día 28 de julio.

La separación de Nietzsche con respecto a Wagner no sólo significó una ruptura con respecto a ideales sino también a espíritus libres.[87] Y a su vez, se quebró una relación en la que ambos habían estado muy cercanos como un padre y un hijo o dos hermanos. Olvidarse del todo, resignarse por entero, ninguno de los dos pudo hacerlo.[88] Esa admiración que durante varios años provocó que Nietzsche se convirtiera en discípulo de Wagner se explica, en efecto, porque el músico le había asegurado que realizaría dentro de la vida germana el mismo ideal de la cultura del arte griega que a ambos tanto fascinaba.

Si bien Nietzsche experimentó en cierto modo un sentimiento de liberación de una última dependencia; no obstante, esta clase de auto-liberación supuso también un acto de renuncia que padeció tal como se padece a causa de una herida, aunque haya sido auto-infligida. Describe su pena como un infierno:

> Todo aquel que alguna vez construyó un "nuevo Cielo", antes halló la fuerza necesaria para ello en su propio infierno...[89]

Llegado este punto de desilusión, a Nietzsche parece asediarlo la noche. Los ideales que tuvo, su salud, su capacidad de trabajo, su círculo de influencia estaba conectado a Wagner, todo lo que había conferido a su vida luz, brillo y calor fue desvaneciéndose para él. Quedó

---

[87] Cf. Andreas-Salomé, L. (2005), 142.

[88] En el otoño de 1882, medio año antes de la muerte de Wagner, durante los festivales de Bayreuth, se intentó mencionar el nombre de Nietzsche en presencia del maestro. Wagner abandonó la habitación encolerizado y prohibió que jamás volviera a mencionarse aquel nombre en su presencia.

[89] Nietzsche, F. (2010), 78, §10.

como sepultado bajo las ruinas de un inmenso desmoronamiento. Allí comenzaron sus «tiempos oscuros», sus tiempos de soledad. Un diálogo consigo mismo que se plasmó en *El viajante y su sombra,* escrito en 1876 y publicado en 1879. Sin embargo, en esta obra que brotó desde el fondo de un espíritu en duelo, se enciende una tenue luz en la oscuridad de quien empieza a renacer. En el aforismo 128, titulado "Los autores tristes y los autores serios", nos dice:

> Aquel que lleva al papel lo que sufre es un autor triste; pero se convierte en un autor serio cuando nos dice lo que ha sufrido y por qué ahora descansa en la alegría.[90]

Este pensamiento nos marca, quizás, el instante en que encuentra la calma buscada que lo alivia y rescata del dolor permitiéndole ver su angustia como parte del pasado e instalarse en el presente.

En realidad, y como ya le sucediera a Nietzsche en el caso de la primera de sus transformaciones referida a su distanciamiento de la fe, ante el nacimiento de esta libertad en la orientación de su espíritu, deja atrás lo anterior, en este caso al filólogo, para dar espacio al investigador filosófico. Sabemos que Nietzsche conservó sus ideales y lo que variaba era el ángulo desde el que observaba la cuestión: cambiaba la perspectiva. Para él, según Lou:

> … ocuparse de un problema significaba, antes que ninguna otra cosa, conocer, dejarse conmocionar; y, convencerse de una verdad, significaba para él ser subyugado por una vivencia.[91]

---

[90] Nietzsche, F. (1962), 599.
[91] Andreas-Salomé, L. (2005), 110.

No obstante, queda claro en su obra, que a pesar de tanto dolor y angustia, Nietzsche es más fuerte de lo que parece y el hombre devastado apela a su fuerza interior para seguir su camino. Nos dirá más tarde en *Humano demasiado Humano II*, refiriéndose a esta época:

> De este aislamiento enfermizo, del desierto de estos años de aprendizaje, queda aún mucho camino hasta esa inmensa seguridad y salud desbordante, que no puede prescindir de la enfermedad misma, como medio y anzuelo del conocimiento; hasta esa libertad madura del espíritu, que es también dominación de sí mismo y disciplina del corazón...[92]

Una vez que logró objetivar su padecimiento como algo del pasado, en ese momento, se transforma en alguien que crea de nuevo, en un Ave Fénix dispuesta a descubrir nuevos horizontes. ¿Cómo lo logró? Pues internándose aún más profundamente bajo su mundo de ruinas, excavando hasta sus últimos fundamentos en busca de lo valioso y secreto en lo más hondo de su intimidad. Allí rescató su fundamento dionisíaco y volvió a formarlo, lo forjó y se apropió de una nueva concepción del mundo: desde la profunda crisis es de donde extrajo su nueva salud. Y su renacer lo tenemos en cuenta al abordar este nuevo enfoque que nos guía para comprender el origen de su primera obra positivista que brotó de su espíritu con un vigor sorprendente. En el invierno de 1876-77, surgió la primera de sus colecciones de

---

[92] Nietzsche, F. (1962), 255, §3.

aforismos: *Humano, demasiado humano*. «Un libro para espíritus libres», consagrada a la memoria de Voltaire.[93]

Los aforismos se presentan como un desafío para quienes poseen la habilidad de una escritura inusualmente impecable. Nietzsche acepta este reto logrando en sus aforismos el exacto equilibrio entre contenido y forma. La atemporalidad es su mayor virtud y, al presentarse como un pensamiento sintetizado, denso, debe leerse lentamente para ser comprendido ya que en ellos no hay palabras de más, sólo las justas y necesarias. Para escribirlos se requiere de precisión en el vocabulario al demandar la palabra exacta para cada situación. Los hay de todo tipo, sin embargo, comienzan por lo general, contándonos una situación común que nos atrae y a la que prestamos inmediata atención. Así, nos conducen a una sentencia, a una afirmación que da que pensar. Y lo curioso es que cada vez que los releemos se despliega ante nosotros un extenso horizonte de nuevas interpretaciones.

Hay un cuidadoso trabajo de estilo en un aforismo, un cincelar los bordes de las palabras y las ideas para que en un estado comprimido se abran los cauces de la imaginación (…) Son imágenes del pensamiento en las que secuencias narrativas se combinan con generalizaciones, detalles mínimos con amplios panoramas.[94]

---

[93] Nos dice Tomás Abraham en su libro *El último oficio de Nietzsche*: "Voltaire, a quien Nietzsche le dedica el libro, fue el último gran escritor que para la prosa tuvo oído de griego, conciencia de griego y gracia y sencillez de griego; también Voltaire atrae a Nietzsche porque fue uno de los últimos hombres que supo reunir la más alta libertad de espíritu y una disposición de ánimo no revolucionaria." en Abraham, T. (2011), 88.

[94] *Ibíd.*, 78.

En el caso de Nietzsche pueden ser escritos de forma no solemne y breve, propia de un espíritu libre, en forma de oráculo, como en *Zaratustra*, o más largos y explicativos, como en *Más allá del Bien y del Mal*. Lo que sí se observa en ellos es que mantienen un cierto orden en el despliegue de una idea central que se va desgranando hasta lograr transmitirla de manera completa, agotando todas sus aristas.

3.2.Relación Nietzsche-Rée

Ahora bien, la nueva transformación de Nietzsche, como un cambio de piel[95], tiene otra vez su punto de partida en una relación personal. Lo mismo que con Wagner, Nietzsche encarnó en una personalidad el nuevo tipo de conocimiento. Y esa persona fue Paul Rée.

Esta sincera relación de amistad con Rée se caracterizaba por situarse en un plano de igualdad y de intercambio de ideas dentro de un círculo de camaradería franca y espiritual, muy diferente a la admiración como devoto discípulo que sentía por Wagner.

Con Rée, Nietzsche fue cautivado por un tipo de realismo filosófico al que llamó *Réealismo,* dejando atrás al viejo idealismo. Y no sólo admiró la primera y breve obra de Rée, *Observaciones psicológicas*, publicada de

---

[95] «La serpiente que no puede cambiar de piel sucumbe. Lo mismo sucede con los espíritus a los que se les impide que cambien de opinión: dejan de ser espíritus.» Nietzsche, F. (1994), § 573. "Die Schlange, welche sich nicht häuten kann, geht zu Grunde. Ebenso die Geister, welche man verhindert, ihre Meinungen zu wechseln; sie hören auf, Geist zu sein." En: *Friedrich Nietzsche.* (1999), 330, § 573.

manera anónima,[96] sino que la sobrevaloró.[97] Los autores favoritos de Rée se convirtieron también en los suyos como el caso de los aforistas franceses, La Rochefoucauld, La Bruyère, Vauvenargues y Chamfort, quienes influyeron de manera extraordinaria en aquella época sobre el estilo y el pensamiento nietzscheano. De los escritores filosóficos de Francia prefería, al igual que Rée, a Pascal y a Voltaire y de los novelistas, a Stendhal y a Mérimée.[98]

Entre los temas que más cautivaron a Nietzsche de esta obra de Rée, se encuentra la suposición de que la observación psicológica forma parte de los medios de atracción, de salud y alivio de la existencia. Se reniega de cierta fe ciega en la bondad de la Naturaleza humana y se sostiene la iniciativa de aceptar al ser humano tal cual es, no solo exponiendo "virtudes". Nos dice en *Humano demasiado humano*:

> … el conocimiento de la verdad gana siempre más y más por la fuerza estimulante de una hipótesis que La Rochefoucauld exponía así en la primera edición

---

[96] *Observaciones psicológicas* fue publicado en Berlín por Carl Duncker en 1875. Estaba compuesto por sentencias según el espíritu y el estilo de La Rochefoucauld.

[97] Paul Rée "obtuvo su doctorado en 1875 con el escrito «Toy Kavoy», *notio in Aristotelis ethicis quid sibi velit*. Ese mismo año apareció un librito suyo de aforismos, «*Observaciones psicológicas*». Por intermedio de este libro nació la estrecha relación personal con Nietzsche (la primera carta de Nietzsche es del 22 de octubre de 1875), después de que dos años y medio antes se produjera el primer encuentro en Basilea: «Ha llegado aquí, para todo el verano, un amigo de Romundt, un ser muy reflexivo y dotado, schopenhaueriano, de apellido Rée» (Nietzsche a Erwin Rohde, 5 de mayo de 1873). Una de las tesis que Rée defendió en su doctorado era la de la explicabilidad de la conciencia por su historia evolutiva", en Andreas-Salomé, L. (2005), 89.

[98] Cf. Andreas-Salomé, L. (2005), 158.

de sus Sentencias y máximas morales: «Lo que el mundo llama virtud no es de ordinario más que un fantasma formado por nuestras pasiones, al que se da un nombre honesto para hacer impunemente lo que se quiere.» La Rochefoucauld y los demás maestros franceses en el análisis de las almas (a los cuales hay que sumar un autor alemán reciente, el autor de las *Observaciones psicológicas*), se asemejan a diestros tiradores, que dan siempre en el blanco, pero el blanco de la naturaleza humana.[99]

Sin embargo, de importancia aún más desmedida fue para él la segunda obra de Rée: *El origen de los sentimientos morales*, escrita en 1877, que, en cierto modo, determinó durante el período siguiente la profesión de fe positivista de Nietzsche. Esta obra lo condujo hacia los positivistas ingleses, a los que Rée admiraba[100] y a los que también Nietzsche pronto preferiría.

La cuestión que se desarrolló en este libro de Rée y que interesó especialmente a Nietzsche, fue la cuestión del origen del fenómeno moral. El autor rescataba el valor del egoísmo y dudaba de la santidad de los sentimientos altruistas; sus investigaciones se dirigían principalmente contra los sistemas éticos de la metafísica tradicional donde quedaba involucrada incuestionablemente la religión.

Y aquí mencionaremos algo curioso: la ética de Wagner y Schopenhauer se sustentaba en el altruismo y en su valor como sentimiento metafísico, Nietzsche halló precisamente en el libro de Rée las armas más adecuadas para su lucha contra la visión del mundo que acababa de

---

[99] Nietzsche, F. (1962), 278. § 36.
[100] Herbert Spencer, Jeremy Bentham, John Stuart Mill.

abandonar. Contra una metafísica obsoleta y sin sentido en ese momento histórico que siempre había despreciado las pasiones y sentimientos humanos frente a un ideal inmutable y eterno, Nietzsche propone el incondicional sí a la vida, para recuperar la dimensión creativa al recrear la vida propia como única, libre y capaz de dar a luz su existencia propia.

El origen de los sentimientos morales se convirtió entonces en el verdadero objeto de su investigación, y alcanzó plena conciencia de la nulidad de sus ideales anteriores mediante el examen de la historia de los orígenes de dichos sentimientos.

Nos dice sobre el tema el filósofo Tomás Abraham que Rée habla de sentimientos morales y no de valores, y su impacto en la subjetividad.

Esta subjetividad se traduce en un fondo pasional y se manifiesta en las relaciones con nuestros semejantes.[101]

Nietzsche sigue el rastro a esta pista: cómo las costumbres se hacen "carne", se incorporan de tal modo que llegan a ser sentimientos que definen nuestro actuar dentro de una lógica externa que dictamina cuáles actos son buenos y morales y cuáles no lo son.

Por este camino, todo su filosofar se va transformando en el análisis y la historia de los prejuicios y los errores humanos; con ello, Nietzsche se transforma en psicólogo e historiador, afianzándose sobre el terreno de un positivismo lúcido y consecuente. Además, Nietzsche se adhirió de manera rigurosa a la escuela positivista

---

[101] Abraham, T. (2011), 71.

inglesa y a su conocido método que reduce los juicios de valor moral y los fenómenos a *la utilidad*.

En *Humano, demasiado humano* señala que la historia de los sentimientos morales se ha desarrollado basada en la utilidad y observando el tipo de consecuencias que provocan:

> Se le llama bueno, porque es bueno para «algo», ahora bien, como la benevolencia, la piedad, la deferencia, etcétera, terminan en la evolución de las costumbres por ser siempre sentidas como «buenas para algo», como útiles; entonces se llama preferentemente «bueno» al benévolo, al servicial.[102]

En su siguiente libro, *Aurora*[103] de 1881, Nietzsche desarrolla «Reflexiones sobre los prejuicios morales», tal como indica el subtítulo, y sobre sus páginas se cierne ya un espíritu soñador y esperanzado que, ciertamente, idea cómo le sería posible llegar a alcanzar, superando todos los prejuicios, nuevos juicios de valor y si le fuese posible convertirse en *creador* de nuevos valores.

> La costumbre representa las experiencias de hombres anteriores acerca de lo que, de manera supuesta, sería útil o nocivo; pero el sentimiento por la costumbre (moralidad) no se refiere a aquellas experiencias como tales, sino a la antigüedad, la santidad, la incuestionabilidad de la costumbre. Por ello, este sentimiento se opone a que se corrijan las costumbres, lo que significa que la moral se opone

---

[102] Nietzsche, F. (1986), 296, §96.
[103] *Morgenröthe. Gedanken über die moralischen Vorurtheile*

a que se formen nuevas y mejores costumbres. En consecuencia, embrutece.[104]

Es decir, nuestro autor acentúa nuevamente que los valores morales son sólo la repetición de acciones que una vez fueron útiles en un contexto social determinado, pero que ahora son discutibles. Y asegura:

Cuando por fin sean destruidos todos los usos y costumbres sobre los que reposa el poder de los dioses, de los sacerdotes y los salvadores, cuando la moral en sentido tradicional haya fallecido, entonces vendrá... ¿Qué vendrá entonces?[105]

La caída, la quiebra y desaparición de lo viejo no es, ciertamente, ningún final; por el contrario se trata de una nueva perspectiva, un nuevo comienzo y una llamada a las mejores fuerzas espirituales. Es la idea nietzscheana del *caos regenerador*. «Desde luego que vendrá algo todavía, ¡lo más importante está por llegar!» Esto es lo que promete la aurora, tornándose cada vez más clara y rojiza.[106]

Esa es la *Aurora* de sus esperanzas, una emancipación de todo lo anterior y un despliegue de alas para elevarse en vuelo hacia un cielo de nuevas posibilidades:

Cuanto más nos elevemos, más pequeños pareceremos a los que no saben volar. ¡Otros pájaros volaron más lejos! Este pensamiento, esta fe que nos anima, se echa a volar, compite con ellos, vuela cada vez más lejos y más alto, se lanza directamente por

---

[104] Nietzsche, F. (1994), 46 § 19.
[105] *Ibíd.*, 91. § 96.
[106] *Ibídem.*

los aires como una flecha, por encima de nuestras impotentes cabezas, y desde lo alto del cielo ve en las lejanías del espacio bandadas de pájaros mucho más poderosos que nosotros, que se lanzaron en nuestra misma dirección, allí donde no hay más que mar y mar.[107]

Ahora nos adentramos propiamente en la nietzscheana «transvaloración de todos los valores» en todas las concepciones morales e ideales. Como un ave en vuelo observa un mundo para formar nuevamente: mar y sólo mar por delante para modelar. Esta «transvaloración» comienza con la declaración de guerra a toda forma de ascetismo que desvalorizaba lo terrenal, los deseos propiamente humanos que habían sido denigrados y sometidos porque lo natural y sensible obstruía el camino de lo suprasensible, algo considerado indudable.[108] Pero el filósofo del futuro de Nietzsche no cree que venga dado algo así como una súper-humanidad por sí sola, es preciso que primero sea creada por nosotros mismos. El *Übermensch* solo es posible y concebible en cuanto obra de arte del ser humano. Porque:

En el hombre se reúnen criatura y creador, en el hombre hay materia, fragmento, exuberancia, barro, desechos, estupidez, caos; pero en el hombre se

---

[107] Nietzsche, F. (1994), 279, § 574-5.

[108] Nietzsche, F. en *Humano demasiado Humano:* "Se da uno fácilmente cuenta de cómo los hombres se hacen malos desde el momento en que miran como malo lo que es inevitable, natural. Ese es el procedimiento de la religión y de las metafísicas, que queriendo al hombre malo y pecador por naturaleza, le hacen sospechosa la Naturaleza y le hacen más malo también a sí mismo, pues de esa manera aprende a creerse malo, porque le es imposible despojarse de su vestido de naturaleza.", 138, §141.

halla también el creador, el escultor, la dureza del martillo, la divinidad contempladora y el séptimo día ... [109]

Nietzsche no solo presentó una teoría sino que también intentó crear una obra fundacional y primera en la que ese sumo acto creador del hombre, la procreación de un ser superior al humano de su época, el *Übermensch*, el *suprahumano*, se consumara por primera vez. Considera que un nuevo hábito, el de comprender, no amar ni odiar, sino el de ver desde lo alto, podría nacer en nosotros y dentro de miles de años, sería bastante poderoso quizá para que en la humanidad se produzca ese hombre sabio, inocente, con tanta regularidad como produce actualmente al hombre no sabio e injusto: sería el antecedente necesario y no el opuesto a aquél.

El filósofo considera al *Übermensch* el resultado evolutivo natural. Los genios que han ido apareciendo en la historia de modo esporádico, serían dentro de mucho tiempo lo común de la especie. Pero deja abierta una duda: no es seguro que el ser humano no retroceda a la barbarie.

Marcha circular de la humanidad.– Quizá la humanidad no sea más que una breve fase de la evolución de una especie determinada de animales de limitada duración; es posible que el hombre, que procede del mono, vuelva otra vez a convertirse en mono... Del mismo modo que a consecuencia de la ruina de la civilización romana y su causa más importante, la expansión del cristianismo, se produjo una deformación general del hombre en el

---

[109] Nietzsche, F. (1983), 172, § 225.

imperio romano, así también, por la ruina eventual de la civilización terrestre en su conjunto podría producirse un embrutecimiento del hombre que lo restituyera a su primitiva naturaleza simiesca. Precisamente porque podemos abrazar con la mirada esta perspectiva estamos quizás en situación de poder prevenir este desenlace.[110]

En este momento de la evolución de su pensamiento, es cuando Nietzsche conoce a Lou Salomé.

Lou se encuentra entonces con un Nietzsche alejado de Schopenhauer y Wagner, con un hombre que había superado su profunda caída emocional y sus tiempos oscuros, y que abrazaba con pasión el realismo comenzando a volar libremente pleno de esperanzas. ¿Hacia dónde volaba?: libre, hacia el profeta del futuro.

4. El adiós

4.1. La separación: lo que no pudo ser

Lamentablemente, los problemas personales impiden la continuidad de la investigación. La hermana de Nietzsche, Elizabeth, no veía con buenos ojos a Lou, una jovencita demasiado liberal para su gusto, e interfiere en su trabajo. Nietzsche le reitera a Lou su pedido de matrimonio[111], llegando a ofrecerle una unión, aunque sea

---

[110] Nietzsche, F. (1962), 360-1, § 247.

[111] Nietzsche ya le había propuesto matrimonio en Roma, apenas la conoció, a través de Rée. Lou, para rechazarlo sin herirlo, responde que en caso de contraer matrimonio perdería su pensión que le era enviada desde San Petersburgo. Así, el tema quedó como una negativa por problemas puramente económicos.

por dos años, donde ella sería una especie de correctora de sus obras y le leería ya que sus fuertes dolores de cabeza y la pérdida de su vista eran un grave problema. Como había escrito en una carta a Rée[112], se consideraba a sí mismo "un enfermo que ahora es, además, siete octavos ciego, que ya no puede leer si no es con grandes dolores y apenas solo durante un cuarto de hora".[113] Esto lo limitaba enormemente y le impedía dedicarse a la construcción cuantitativa de sus pensamientos mediante estudios más extensos.

Ante este pedido, Lou responde con la verdad. Le señala que no está interesada en lo más mínimo en el matrimonio ya que le quitaría libertad y que él, para esa altura, ya debería haberse dado cuenta que ella sólo estaba interesada en formar una comunidad intelectual "célibe" por decirlo de alguna manera, porque "renunciar a la satisfacción carnal libera la creatividad intelectual". Este pensamiento era exactamente lo opuesto a lo que creía Nietzsche, convencido que estar enamorado no distrae y hace a la persona más perceptiva e interesante. Igualmente, fiel a su estilo, Nietzsche había escrito algunos aforismos sobre las mujeres con notas irónicas en *Humano demasiado humano*:

§388. Lamentos diversos. – Algunos hombres se han lamentado de que les hayan quitado su mujer: la mayor parte de que nadie quiera quitársela.

§393. La unidad del lugar y el drama. – Si los esposos no viviesen juntos, los buenos matrimonios serían más frecuentes.

---

[112] Carta remitida desde Saint Moritz y fechada a mediados de septiembre de 1879 que se puede encontrar en *Briefe* [Correspondencia] (1967) (KGB), II, 5, 440.

[113] Andreas-Salomé, L. (2005), 146.

§403. Medios de llevar a cualquier hombre a lo que se quiere. – Se puede fatigar y debilitar de tal modo a un hombre por los enojos, las inquietudes, la acumulación del trabajo y de ideas, que deje de oponerse a una cosa que tiene aspecto complicado: esto lo saben los diplomáticos y las mujeres.

Como así también otros aforismos muy profundos:

§380. Según la madre. – Cada uno lleva dentro de sí la imagen de la mujer, sacada de su propia madre; por esto se halla determinado a respetar a las mujeres en general, o a despreciarlas o a ser totalmente indiferente respecto de ellas.

§411.-... Si en la elección de cónyuge los hombres buscan, ante todo, un ser profundo, lleno de sensibilidad, las mujeres, por el contrario, un ser hábil, listo, brillante; se ve con claridad que el hombre busca al hombre ideal, la mujer, la mujer ideal, y que, por lo tanto, no buscan complemento, sino el perfeccionamiento de sus propias ventajas.

§426. Espíritu libre y matrimonio. – Los espíritus libres ¿vivirán con mujeres? Creo que, en general, semejantes a los pájaros de la antigüedad, siendo como son los que piensan y dicen la verdad del presente, preferirán volar solos.[114]

Notamos en estos aforismos cómo, mediante su ingenio y observación, Nietzsche logra compartir sus ideas sobre la mujer desde el sarcasmo, la ironía o la sobriedad, dejándonos siempre un espacio para la reflexión.

Por otra parte, Lou, decidida a marcharse, le dejó al partir una copia de su poema *Oración de la vida*:

---

[114] Nietzsche, F. Aforismos correspondientes a *Obras Completas I. Humano demasiado Humano.*

A fe que así el amigo ama al amigo / como yo te amo, vida-enigma— / haya exultado en ti, haya llorado, / dolor o dicha me hayas dado. / Te amo, a ti y a tus perjuicios; / y aunque hayas de aniquilarme / me desprenderé de tus brazos / como del pecho amigo se desprende el amigo. / ¡Con toda mi fuerza te abrazo! / Que tus llamas me prendan fuego, / que aun en las ascuas de la lucha / siga adentrándome en tu enigma. / ¡Ser milenios! ¡y pensar! / Cobíjame entrambos brazos: / si regalarme dicha ya no puedes / sea, aún tienes tu dolor.[115]

Como vemos, el poema es un *sentirse agradecida* de estar viva y enfrentar la existencia tal como se presenta. A Nietzsche le agradó tanto que decidió ponerle música y darlo a conocer. Fue tan buena su recepción que, años más tarde, en su libro *Ecce Homo,*[116] debió aclarar que era obra de una querida amiga y él sólo había compuesto la melodía.

Luego de esta separación, se disuelve la *Trinidad intelectual.* Lou se instala en Berlín con Rée[117] y

---

[115] Andreas-Salomé, L. (2005), 47. Existen 2 versiones del poema: la original y una posterior con ciertos ajustes hechos por el filósofo.
[116] Nietzsche no dio el nombre del autor del texto en la impresión de la partitura, pero sí en *Ecce homo* (1888), en la sección que contiene la historia del origen del Zaratustra: «El texto, digámoslo expresamente, porque circula un malentendido al respecto, no es mío: es la asombrosa inspiración de una joven rusa, con quien tenía yo amistad por entonces, la señorita Lou von Salomé. Quien sepa de algún modo arrancar el sentido a las últimas palabras del poema adivinará por qué ha gozado de mi predilección y admiración: en ellas hay grandeza. Explicación brindada por Lou en *Mirada retrospectiva*, 38.
[117] Leemos en *Friedrich Nietzsche en sus obras*: "… en opinión de algunos comentaristas, lo que abrió un abismo infranqueable entre Lou y su bienintencionado maestro fue la clara tendencia de este

Nietzsche parte a Basilea, desde donde en diciembre de ese mismo año comprendió que las relaciones con ambos habían terminado y su alegría y esperanza fueron reemplazadas por la soledad y el "azar implacable". Así lo confiesa a su amigo Franz Overbeck:

> Este año volví a estar cerca de los <hombres> con verdadero anhelo; creía tener derecho a un poco de amor y respeto. Encontré el desprecio, la suspicacia y una indiferencia llena de ironía… Por un azar desgraciado viví las cosas de la forma más cruel.[118]

Rüdiger Safranski analiza este hecho en su obra sobre el filósofo y concluye que "lo insoportable para Nietzsche" fue pensar que [ella] lo entendiera tan profundamente y luego lo abandonara, lo dejara atrás como un escalón más de su proceso de formación. Sumado al dramatismo de la situación y del orgullo herido, un Nietzsche despechado comprende que Salomé lo enfrentó con agudeza a las consecuencias de su propio pensamiento. Nietzsche pretendía una relación en la que su filosofía fuera vivida hondamente por ambos. Salomé aceptó esa filosofía y la encarna durante toda su vida, pero la consecuencia de esa actitud era, inevitablemente, la renuncia a una relación personal permanente.[119]

---

hacia argumentaciones de tipo místico-poético o metafísico. Lou se sentía más afín a los argumentos de Paul Rée, de carácter analítico y positivista.", 36.

[118] Nietzsche, F., von Salomé, L., y Rée, P. (1982), 187

[119] Cf. Safranski, R. (2001), 275.

Nos gustaría mencionar aquí el modo totalmente diferente en que Rée y Nietzsche encararon sus estudios científicos.

En Nietzsche era característica la fusión apasionada de la vida especulativa con la totalidad de su vida interior. Mostraba un fuego que ardía en cada pensamiento y esa llama, movediza e inquieta, se trasladaba a las ideas iluminándolas desde diferentes ángulos. Invitaba al lector a descubrir nuevas opciones, nuevos rumbos: algo imposible de lograr por el frío camino de la lógica. Involucraba sus sentimientos y estados de ánimo para lograr una apertura extraordinaria a su pensar. Esta característica guiará su producción intelectual y hará su obra más atractiva aunque no fácil de comprender.

En Rée, por el contrario, se destacaba la imperturbabilidad de la lógica y el rigor de su pensamiento científico. Su rasgo distintivo era la completa escisión entre pensamiento y sentimiento. Quizás corría el riesgo de cerrarse en la unilateralidad y perder esa mirada amplia y conciliadora que aporta más la buena comprensión que el razonamiento puro.
Como podemos observar, uno prefirió involucrar los sentimientos personales en la investigación, y el otro lo hará siendo completamente objetivo, como "observador" de la realidad.

4.3.Lou y Rée en Berlín

En Berlín, Lou y Rée formaron un grupo de estudio interdisciplinario con personalidades del ambiente científico, filosófico y literario.[120] Se reunían en animadas tertulias historiadores, traductores, filólogos, especia-listas en las Sagradas Escrituras y teólogos. A ellos se sumaban filósofos, antropólogos, músicos, médicos y hasta un explorador, Paul Güssfeldt. El aporte de las distintas disciplinas amplió enormemente el enfoque de cada tema y, si bien los trabajos eran individuales, se enriquecían con el aporte de otras ciencias.

Así las cosas, Lou continuará sus investigaciones como le gustaba: en comunidad y en diálogo con otros. Lejos estaba Nietzsche quien le enviaba cartas que variaban según su estado de ánimo: desde declararle su amor, a reprocharle el abandono, desde ataques de celos contra Rée a acusarla de que le había robado a su único amigo.[121]

Durante este voluntarioso período, Lou y Rée se abocaron a la publicación de sus obras. Lou editó finalmente *En lucha con Dios* (1885), *Im Kampf um Gott,* el cual firmará bajo el pseudónimo "Henry Lou" ya que no quería involucrar el nombre de su familia debido a ciertas críticas recibidas sobre su manera de vivir y,

---

[120] A las reuniones asistían grandes intelectuales de la talla de Georg Brandes, Hans Delbrück, Paul Deussen, Hermann Ebbinghaus, W. Halbfass, Ludwig Haller, Max Heinemann, Julius Gildemeister, Hugo Göring, Paul Güssfeldt, Wilhelm Grube, Ferdinand Laban, Rudolf Lehmann, Heinrich Romundt, Georg Runze, Baron Carl von Schultz (Lituania), Heinrich von Stein, Ferdinand Tönnies, uno de los fundadores de la nueva sociología alemana, etc.

[121] Aunque Lou no se enteró de mucho sobre este tema porque Rée interceptaba las cartas para no "afectarla en su trabajo" y continuó durante esos 5 años de convivencia enamorado de ella sin llegar a decírselo: prefería mantener esa relación célibe de hermanos de corazón, a perderla ante lo que sabía a ciencia cierta, sería una negativa seguida de un alejamiento.

además, era más fácil publicar como varón. En esta novela, a los dos personajes, Kuno y Rudolph, podríamos asociarlos con las dos posiciones ateas y opuestas de Nietzsche y Rée. Uno, Nietzsche-Kuno, descreído y pasional, busca siempre un nuevo horizonte, un encuentro con lo divino de modo místico. Paul Rée-Rudolph, por otro lado, es el personaje racional con tendencia depresiva, resignado y desencantado de la vida, que nos muestra un aspecto más negativo. Kuno es hijo de un pastor y está marcado por su educación religiosa y, a pesar que su fe desaparece ante la razón, conserva siempre el imaginario religioso que ha centrado su vida. En este aspecto, el personaje coincide también, en cierto modo, con la vida personal de Lou. La religión se presenta aquí como un combate, como una lucha para rescatar lo más sagrado que yace en lo profundo raigal de la existencia humana.

El núcleo del contenido de la novela deja ver la influencia nietzscheana aunque aparecen también algunos de sus poemas escritos con anterioridad. Básicamente, la obra despliega la problemática de su crisis religiosa ya que a través de la ficción, Lou logra expresar lo más íntimo de sus pensamientos y sentimientos, y de este modo consigue que muchos jóvenes europeos se identifiquen con su conflicto. Es una búsqueda incansable. Sin embargo, a pesar de haber perdido la fe de su infancia, siente que la Divinidad impregna todo su existir.

Podríamos decir que Lou von Salomé es una adelantada a su época y una de las pioneras del inicio de la modernidad literaria en Alemania. Con esta publicación, Lou consigue la venia familiar para permanecer en Berlín al ser considerada ya una escritora que puede valerse por sus propios méritos. Nos dirá en *Mirada Retrospectiva* varios años después:

> Lo cómico es que este libro—En la lucha por Dios, (sic) de Henri Lou— obtuvo la mejor prensa que yo haya tenido nunca, por parte, entre otros, de los hermanos Heinrich y Julius Hart, que después yo llegaría a conocer tanto y a reírme de ellos por ese motivo.[122]

Rée finalizó luego de 10 años *El origen de la consciencia*, basado en las ciencias de la naturaleza. Nietzsche, por su parte, escribió sobre las ideas que compartió con Rée para finalizar su libro *La Gaya Ciencia* y, años más tarde, las retomaría en la *Genealogía de la moral*, pero con un toque personal.

4.4. Sorpresa ante la aparición de Friedrich Carl Andreas

Ahora bien, al final de estos 5 años, ocurrió algo por demás inesperado: Lou von Salomé se casó con Friedrich Carl Andreas.[123] Este profesor era un hombre refinado e intrigante en quien se fundían la firmeza y racionalidad noroccidental con la suavidad que brinda la singular percepción del tiempo suroriental. Andreas se dedicaba a la enseñanza e investigación de lenguas

---

[122] Andreas-Salomé, L. (2005), 95. Los hermanos Hart eran conocidos escritores y críticos literarios. Se cuentan entre los primeros impulsores del Naturalismo en la literatura germana.

[123] Friedrich Carl Andreas (Bataria 1846- Göttingen 1930). Hijo de una antigua familia irano-armenia, pero originario por parte materna de Alemania. Había recibido por tanto esa doble herencia europea y oriental. Sus padres se trasladaron a Alemania donde él estudió, logrando el título de profesor de lenguas orientales.

orientales con una meticulosidad extrema y era reconocido por un grupo numeroso de discípulos como el mejor iranista del momento. Trabajaba en una cátedra en la fundación del Seminario Orientalista de Berlín y también con alumnos particulares.

Andreas era quince años mayor que Lou y, según cuentan sus allegados, amenazó con quitarse la vida cortándose con un cuchillo si ella lo rechazaba. Lo cierto es que nunca se explicó por qué una noche él fue asistido de urgencia por un profundo corte y de inmediato ella aceptó su propuesta de matrimonio. Situación por demás insospechada para quienes conocían su aversión al compromiso matrimonial y su total dedicación a la escritura. Sin embargo, Lou impuso algunas condiciones antes de dar el sí y la primera fue que Paul Rée permanecería con ellos ya que sostenía que el comprometerse en matrimonio no tenía por qué cambiar su relación con Rée, ni su estilo de vida. Igualmente, unos meses antes de celebrarse la boda, en la primavera de 1887, Paul Rée se marchó, terminó sus estudios de medicina y vivió solo ejerciendo como médico en Celerina[124] hasta su muerte. La otra extraña condición pactada era que no tendrían intimidad y, más extraño aún, Andreas aceptó. Sería una unión célibe y, quizás, Andreas imaginaba que, tras un primer periodo de convivencia, Lou cedería: algo que no ocurrió. Andreas vivía inmerso en una vida de trabajo, bastante solitario y rutinario, por lo tanto Lou retomó sus antiguos viajes, buscando el encuentro con amigos y gozando de su libertad.

---

[124] Celerina, pertenece al cantón Grisones en el sureste de Suiza.

De esta época rescatamos su amistad con la baronesa Frieda von Bülow[125], quien era la mujer más conocida del Movimiento Colonial Germano de la época. Frieda había viajado al protectorado del África Oriental, conquistada para Alemania por la acción de Carl Peters, y fundado en Dar-es-Salam y en Zanzíbar los primeros centros hospitalarios germanos. Luchó por la igualdad de derechos de las mujeres para representar a Alemania en las colonias, ya que por pertenecer al sexo femenino, se debían dar razones que "justifiquen" su presencia en esos territorios. Bülow se alistó como enfermera en los 80´y de ese modo logró viajar.

Un año más tarde, la baronesa debió regresar a Europa debido a una enfermedad y se dedicó a la escritura de novelas que relataban sus impresiones africanas, su convivencia con Carl Peters y los avatares de la colonización de África en esa época. Se convirtió en la fundadora de la "novela colonial alemana" gracias a sus obras, *In the Promised Land, Im Lande der Verheissung* y *Tropical Rage*.[126] Escribía artículos para el periódico *Die Zukunft*, el diario liberal *Neue Freie Presse* y el periódico feminista *Die Frau*. [127]

Lou Andreas-Salomé fue su "gran amiga", brindaron conferencias, convivieron varias veces en

---

[125] Frieda, baronesa von Bülow, 1857-1909, hija de un consejero de legación prusiano, ya había realizado para el año 1887 su segundo viaje al protectorado del África oriental.

[126] *Im Lande der Verheissung*, (1899) *En la tierra prometida*, es la más conocida de sus obras. Además, se conservan cartas que ambas se enviaron durante este período que muestran la gran amistad que las unía.

[127] Para una biografía más detallada de esta famosa exploradora y escritora, es recomendable el artículo: Wildenthal, Lora. 'When Men Are Weak': *The Imperial Feminism of Frieda von Bülow.* (1998).

distintas ciudades europeas por largos períodos y realizaron varios viajes juntas, uno de ellos a Rusia. Como muchas de sus heroínas de ficción, la baronesa poseía títulos nobiliarios pero vivía algo corta de dinero. Así la describe Lou:

> Por naturaleza, Frieda tendía a la melancolía, a pesar de su voluntad virilmente robusta y de su impulso vital, que la habían llevado en su juventud al África oriental, en la época de los éxitos de Carl Peters. A esta mezcla de cansancio y energía para la acción solía ella llamarla su parte en un viejo y cansado linaje, que terminaría, por último, en la nostalgia de la sumisión y la entrega.[128]

También es conocida la amistad de Lou con Marie von Ebner-Eschenbach[129] quien apreciaba a Lou Andreas-Salomé como persona y como escritora. Así lo demuestran sus cartas, y comentarios de crítica literaria, donde expresa:

> ¡Admirada señora! Finalmente, tras un período largo y pleno de trabajo, he podido concederme algo de descanso. He leído entonces una de las historias más hermosas que hay: "Ma" de Lou Andreas-Salomé. Si es un retrato, es un Velázquez.[130]

O los elogios en sus artículos:

---

[128] Andreas-Salomé, L. (2005), 110.

[129] Marie von Ebner-Eschenbach, 1830-1916, había escrito la mayoría de su obra épica en los años ochenta, comenzando con «*Bozena*», 1876; al relato «*Glaubenslos*», 1893 (Sin religión), siguieron en 1901, narraciones como «*Aus Spätherbsttagen*» (De los últimos días de otoño).

[130] Andreas-Salomé, L. (2005), 288.

Lou Andreas es, entre las escritoras de hoy, la de más espíritu, la de mayor profundidad psicológica, esto puedo firmarlo yo con letras tan altas como la catedral de Uspenski.[131]

En sus viajes a Viena, Lou solía hospedarse en casa de Marie y disfrutar del atrapante ambiente cultural tanto de la pujante ciudad, como de la vida pastoril de la campiña. "Con la magnificencia de sus alrededores, Viena obliga a salir al aire libre del campo, y allí se traslada de continuo el trato social y el amistoso,"[132] nos dirá Lou años más tarde al recordar esas estadías tan gratificantes en tierra austríaca.

Además, Lou se relacionaba en sus viajes a París, Múnich, Innsbruck o Berlín, con escritores de vanguardia, investigadores y críticos de arte con quienes compartía veladas literarias y de intercambio cultural. Como podemos observar, viajó como mujer independiente por toda Europa y escribió artículos para revistas tales como *Tribuna libre* y para *Vossische Zeitung*, diario de referencia para el Berlín de la época. Redactó para la revista reseñas sobre personajes de obras de teatro donde ya se percibe una mirada psicológica tanto sobre los personajes, como así también sobre los temas que aborda y en el método de análisis que utiliza.

Es interesante destacar que Friedrich Carl Andreas dominaba varios idiomas, entre ellos noruego, y le leía a Lou las obras de Henrik Ibsen aún no traducidas, en alemán. La ahora señora Lou Andreas-Salomé, recopila

---

[131] *Ibídem*. La Catedral Uspenski es el principal templo de la Iglesia Ortodoxa de Finlandia en la diócesis de Helsinki. Es considerada la Iglesia ortodoxa más grande de Europa Occidental.
[132] *Ibid*, 112.

sus propios artículos y reseñas dándoles la forma de un libro[133] donde analiza detalladamente a los personajes femeninos en las obras de Ibsen (1892). A sus lectores les atrae el tema y el modo en que Lou lo expone, por lo tanto presionan para que se representen las obras de Ibsen en el teatro.

Vemos como se cierra el círculo y las ideas *silenciadas* comienzan a darse a conocer gracias a una ayuda inesperada. Las obras de Ibsen, por ejemplo, prohibidas en un momento, fueron puestas en escena gracias al empuje de una sociedad más abierta a lo innovador y de una joven rusa que, con inteligencia y firmeza, supo difundir el trabajo de un gran escritor.

5.Algunas apreciaciones finales

De la mano de Lou Andreas-Salomé hemos intentado presentar ciertos aspectos del cambio epocal que se produjo en Europa a finales del siglo XIX. Nos encontramos con una sociedad que ingresa en la Modernidad con sus avances tecnológicos y científicos pero con un arraigo cultural no muy interesado en la innovación.

Lou, pieza clave en muchos aspectos del cambio que sobrevino, mantendrá con tenacidad sus convicciones y arrojará luz sobre temas poco tratados con firmeza hasta el momento, como el lugar de la mujer en la sociedad o las relaciones interpersonales mantenidas en ese entonces, tan llenas de prejuicios y tabúes. Lou no se consideraba a sí misma feminista, ya que no quería

---

[133] *Henrik Ibsens Frauengetstalten: Personajes femeninos en la obra de Henrik Ibsen.*

marcar caminos a otras mujeres ni ser ejemplo para nadie: sólo pretendía que la dejasen vivir su vida como a ella le gustaba. No estaba interesada en el rol que socialmente se le adjudicaba por ser mujer ni tampoco en la maternidad. Sí reclamó enfáticamente que se respete su derecho a decidir sobre su propia vida: ser escritora, viajar, participar de reuniones entre colegas y compartir ideas en tertulias filosóficas.

En este capítulo nos centramos en el período del arribo de Lou al mundo cultural europeo, a su encuentro con Rée y Nietzsche y a su primera etapa de escritora. Su acercamiento a estos dos filósofos fue decisivo para dar forma a la *Trinidad Intelectual*. Si bien se trató de una relación atípica, llena de misterio y suposiciones que hemos ido develando, esta alianza nos sirvió para mostrar el ensamblaje de tres personalidades potentes y únicas. Vimos a un Nietzsche "enamorado", que intentó por todos los medios superar su soledad y sus miedos del pasado para decirle sí a la vida y atraer la atención de Lou en un vano intento de retenerla a su lado. Conocimos además a un Paul Rée diferente, trabajador y dedicado a sus investigaciones que, sin dejar de caminar por el borde del abismo, logró estabilizar su vida en la convivencia "como hermanos" con la mujer de sus sueños.

Y nos encontramos con una Lou Salomé joven, llena de proyectos, fuerte y decidida: una mujer diferente a las de su época que dejó su impronta en quienes la conocieron. La ayudó su carisma, curiosidad y encanto pero, no olvidemos también, que su tenacidad y decisión fueron admirables. Influyó en Nietzsche dándole alegría a su alma al ver que había encontrado a una "chica rusa" que comprendía tan claramente su filosofía, que compartía sus ideas y con quien podía dialogar por horas.

En muchos aforismos que siguieron a su separación definitiva, se notó la nostalgia que sentía por Lou cuando se refiere a las mujeres y a su tristeza por la soledad que enfrentaba.

Lou ayudó a Rée a encontrar armonía y así terminar su obra, aprendiendo a su vez mucho sobre el modo objetivo y positivista de trabajar del filósofo. Además, acompañó a su amiga Bülow en su temprana enfermedad y, de modo generoso y desinteresado, tendió una mano a otros escritores e investigadores con quienes colaboró de manera directa.

Es de destacar en este período, su original trabajo sobre los personajes femeninos en las obras de Ibsen donde ya se perfilaba su inclinación hacia el psicoanálisis. Acentuamos, además, la exquisita habilidad de Lou para tratar, por medio de los personajes de sus propias novelas, los conflictos irresueltos de una época que veía sorprendida el trastocamiento de valores ya no inalterables.

Lou Andreas-Salomé vivió un cambio epocal del que fue protagonista indiscutida ya que sus ideas, escritos y conferencias marcaron un rumbo en esa década de 1880 tan controversial y llena de novedades. Una época de transformaciones abisales lideradas por intelectuales y personalidades del ámbito de la cultura como escritores teatrales, novelistas y poetas, cuya impronta permanece hasta nuestros días.

Friedrich Wilhem Nietzsche: Cronología

1844-Friedrich Wilhem Nietzsche nace en Röcken, cerca de Lützen. Es el primogénito de los tres hijos del pastor protestante Karl Ludwig Nietzsche y su esposa Franziska Oehler.

1849-Muere su padre. El diagnóstico acusa: reblandecimiento cerebral.

1850-Muere su hermanito Ludwig. La familia de Friedrich - su hermana Elisabeth, su madre y la abuela- se traslada a Naumburg. Su madre le regala un piano y comienzan sus intentos de composición musical.

1856-Nietzsche escribe su primer tratado filosófico: *Sobre el origen del mal*. También se conservan cuadernos de esa época llenos de poemas.

1858-Se prepara para ingresar en el internado de Pforta donde es admitido en octubre y comienza la redacción de su autobiografía.

1859-Lee a Jean Paul Richter. Traba amistad con Paul Deussen. Descubre y admira la obra de Hölderlin a pesar que el poeta no es bien visto por sus profesores.

1862-Nietzsche funda con amigos la Asociación de Germania para la que se comprometen a escribir tratados, poemas, obras musicales y ensayos.

1864-Escribe su primer tratado de filología clásica sobre Teognis. En octubre comienza sus estudios universitarios de Teología y Filología en Bonn. Asiste a clases de su admirado Friedrich Ritschl.

1865-Toma la decisión de ser filólogo. Enfrentamiento con su madre por su alejamiento de la tradición religiosa.

Estrecha amistad con Carl von Gesdorff y Erwin Rohde.

Se marcha de Bonn a Leipzig. Descubre la obra de Schopenhauer por la que siente admiración.

1867-Elabora *De fontibus Diogenis Laertii*, obra por la que es premiado. En octubre entra al servicio militar: aprende equitación y manejo de cañones.

1868-Sufre un accidente al caer de un caballo. Fuertes dolores. Se recupera en Wittekind y trabaja en filología.

El 8 de noviembre conoce personalmente a Richard Wagner en la casa Brockhaus. Es invitado a Tribschen.

1869-Es nombrado catedrático en la Universidad de Basilea y allí se traslada. Obtiene el doctorado sin examen por la calidad de su investigación: descubrió que el ritmo de la métrica poética de los antiguos dependía de la duración de las sílabas, a diferencia de la métrica moderna basada en la acentuación. Su primera lección magistral fue: "Acerca de la personalidad de Homero".

Realiza la primera visita a Richard Wagner en Tribschen, cerca de Lucerna, donde ese año pasará las fiestas de Navidad y Año Nuevo.

1870-Brinda conferencias: "El drama musical griego" y "Sócrates y la tragedia". Entabla amistad con Franz Overbeck. Comienza la guerra franco-prusiana, participa como auxiliar de enfermería. Enferma de disentería y difteria. Regresa a Basilea y concluye "La visión dionisíaca del mundo".

1872-Nietzsche edita *El nacimiento de la tragedia en el espíritu de la música*. También brinda conferencias: "Sobre el porvenir de nuestras escuelas" y "El certamen de Homero".

1873-Su salud empeora notablemente y se sospecha que heredó la enfermedad de su padre. Padece también problemas en la vista y debe dictar a su amigo Gersdorff la versión de *Sobre verdad y mentira en sentido extramoral*. Trabaja en la primera parte de sus *Consideraciones intempestivas*.

1876-Comienza su amistad con Paul Rée. Lee *Memorias de una idealista*, de Malwida von Meysenbug, mecenas que lo acoge en Sorrento junto a Rée. Termina *Consideraciones intempestivas*. Se interesa en autores positivistas y en el realismo.

1877-Nietzsche regresa a Basilea donde nuevamente imparte clases en la Universidad. Trabaja en *Humano demasiado humano* pero su médico le prohíbe la lectura y la escritura porque las considera causantes de sus fuertes dolores de cabeza.

1878-Le llega el libreto de *Parsifal*, la obra de Wagner, a la cual descalifica diciendo: "todo demasiado cristiano". Su salud empeora.

1879-Publica "Miscelánea de opiniones y sentencias". Renuncia a la Universidad y recibe una pensión anual en concepto de jubilación anticipada. Comienza su etapa errante. Escribe *El caminante y su sombra*.

1880-Viaja a Venecia en compañía de su amigo Peter Gast. Su salud mejora. Se traslada a Génova y allí trabaja en *Aurora*. Prefiere vivir en soledad dedicado a su obra.

1881-Publica *Aurora* y nace la idea del eterno retorno. Se interesa en Spinoza. Se sume en un estado depresivo. Comienza a elaborar *La gaya ciencia*.

1882-Rée conoce en Roma a Lou von Salomé, se siente fascinado por ella y sugiere un encuentro de ambos con Nietzsche. Este viaja primero a Messina, se siente mejor de salud y a su vuelta conoce a Lou en Roma. Van a Orta, Basilea, Lucerna y Zúrich. En dos ocasiones Nietzsche le propondrá matrimonio a Lou, algo que ella rechazará en ambos casos porque su idea es formar una "trinidad intelectual" dedicada únicamente a la investigación científica. En agosto, en Tautenburg,

Nietzsche mantendrá inagotables conversaciones con Lou mientras su hermana comienza a intrigar contra la relación de trabajo de ambos. Se disuelve la alianza intelectual. Lou parte a Berlín con Rée.

1883-Nietzsche comienza a escribir *Así habló Zaratustra*. En febrero muere Wagner. En Sils-María continúa con la redacción de *Zaratustra*.

1885-Publica *Zaratustra*. Su hermana Elisabeth contrae matrimonio con Bernhard Förster. Nietzsche busca un nuevo editor ya que Schmeitzner está en bancarrota.

Viaja de Sils-María a Niza.

1886-Su hermana y Förster se trasladan a Paraguay y fundan allí una colonia alemana llamada Nueva Germania. Nietzsche proyecta *La voluntad de poder*.

Ensayo de una transvaloración de los valores, mientras termina *Más allá del bien y del mal*, obra para la cual le costó tiempo encontrar editor. Además, escribe nuevos prólogos para sus libros ya publicados, de lo que surgirá una autobiografía intelectual interesante.

1887-Lee a Dostoievski, trabaja en *La voluntad de poder* y escribe *La genealogía de la moral*.

1888-Viaja a Turín y allí elabora *El caso Wagner*. A mediados de año pasa su último verano en Sils-María donde decide dividir en varias partes *La voluntad de poder*. De dicha división proceden *El ocaso de los ídolos* y *El Anticristo*. Vuelve a Turín. La comunidad wagneriana toma a mal su libro sobre Wagner. Rompe su relación con Malwida von Meysenbug, a quien tildó despectivamente de idealista. Para diciembre finaliza la obra *Ecce homo*.

1889-Nietzsche sufre un colapso mental y es trasladado a Basilea donde es recluido en una clínica para enfermos con trastornos nerviosos. Lo trasladan a un sanatorio psiquiátrico en Jena y, finalmente, su madre lo lleva a Naumburg para hacerse cargo de su cuidado. Se suicida Förster en Paraguay y su hermana Elisabeth regresa a Alemania cuatro años después. Tras la muerte de su madre en 1897, su hermana lo lleva a la villa Silverblick de Weimar y lo cuida.

1900-Friedrich Nietzsche fallece el 25 de agosto del año 1900.

Andreas-Salomé, Lou. (2005). *Friedrich Nietzsche en sus obras*. Trad. Luis F. Moreno Claros, Ed. Minúscula S.L.

----- (2018). *Henrik Ibsens Frauen-Gestalten*. Wentworth Press.

------2018). *Mirada retrospectiva. Compendio de algunos recuerdos de la vida*. Alianza Editorial.

Colli, Giorgio und Montinari, Mazzino. (1999). *Friedrich Nietzsche Menschliches, Allzumenschliches*. Kritische Studienausgabe Herausgegeben Verlag de Gruyter. dtv. Band 2. Berlin.

----- und Montinari, Mazzino. (1999). *Friedrich Nietzsche Morgenröte. Idyllen aus Messina. Die fröhliche Wissenschaft*. Kritische Studienausgabe Herausgegeben. Verlag de Gruyter. dtv. Band 3. Berlin.

------(1999). *Friedrich Nietzsche Also sprach Zarathustra*. Kritische Studienausgabe herausgegeben. Verlag de Gruyter. dtv. Band 4. Berlin.

Nietzsche, Friedrich. (1962). *Federico Nietzsche. Obras Completas I. Consideraciones Intempestivas y Humano demasiado humano*. Trad.: E. Ovejero y Maury. Aguilar Ed.

----- (1994). *Aurora*. Trad.: E. Castellón. M. E. Editores S.L.

----- (1999). *La Ciencia Jovial. "La Gaya Scienza". (Die fröhliche Wissenschaft)*. Trad.: José Jara. Monte Ávila Editores.

----- (1983). *Más allá del Bien y del Mal*. Título original: *Jenseits von Gut und Böse*. Trad: A. Sánchez Pascual. Alianza Editorial.

----- (2010). *Genealogía de la Moral, III Tratado*. Ed. Del Cardo.

Nietzsche, Friedrich ; von Salomé, Lou y Rée, Paul. (1970). *Die Dokumente ihrer Begegnung*. Insel. Trad. A.M. Doménech. *Documentos de un encuentro*. Laertes, 1982.

Bibliografía Complementaria

Abraham, Tomas. (2011). *El último oficio de Nietzsche*, Ed. Sudamericana.

Colli, Giorgio und Montinari, Mazzino. (1967) *Briefe* [Correspondencia]. *Kritische Gesamtausgabe in 22 Bände*. Herausgegeben. Berlín, Nueva York, Walter de Gruyter.

Ibsen, Henrik. (2005). *Casa de Muñecas y Hedda Gabler*. Trad.: A. Martínez Adell. Alianza Editorial.

----- (1909). *Espectros*. Trad: A. de Vilasalba. Ed. Antonio López.

Safranski, Rüdiger. (2001). *Nietzsche. Biografía de su pensamiento*. Título original: *Nietzsche. Biographie seines Denkens*. Trad.: R. Gabás. Tusquets Editores.

Wildenthal, Lora. 'When Men Are Weak': *The Imperial Feminism of Frieda von Bülow*. Gender & History 10(1) (1998): 53–77. doi: 10.1111/1468-0424.00089.

Lou y dos relatos en espejo de su propia vida: Fenitschka y Un Desvío

Silvia L. de Olaso

"El amor a la vida es el único medio probado de ser respetado por la muerte, pues la muerte es un prejuicio".
Freud.

La enigmática y arriesgada Lou Andreas Salomé fue una mujer libre en su vida, su producción escrita, en sus relaciones con hombres célebres.

Sus obras fueron numerosas y diversas, pero han permanecido a veces desconocidas o sepultadas por el olvido o la crueldad humana de la época.[134]

En 1898 publicó dos relatos en espejo de su propia vida: *Fenitschka* y *Un Desvío*. En este período había contraído un matrimonio muy" sui generis " con Friedrich Carl Andreas, lingüista especialista en iraní, quien la introdujo en las obras de Ibsen.

Su encuentro con Freud fue posterior, en 1911, en el Congreso de Weimar, en el que Lou le pide asistir a sus clases, cuando tenía alrededor de 50 años. Se cree que hubo un encuentro anterior.

Al tiempo de publicar su obra *Fenitschka*, a los 37 años, se percibe un comienzo posible en el ámbito del psicoanálisis. Algo estaba germinando en los temas frecuentados: el deseo, los sueños, el inconsciente, las pulsiones, el goce derivado de la pulsión de destrucción o

---

[134] Después de la sepultura de Lou, la Gestapo quemó su biblioteca por haber sido colega de Freud, practicar una ciencia judía y poseer libros de autores judíos. Pero para entonces Lou era ya una diosa ignífuga. El Mundo 15/2/2015.

muerte. Significantes que dejan huella en su inconsciente para ser leídos como un lenguaje en el pensamiento de Lacan.[135]

También se perciben sus inclinaciones feministas y afirmaciones contrapuestas a la mujer "servil". Lou se inclina por la mujer libre que manifiesta su deseo y auténtica vocación. Su ser más profundo. Su desasimiento del Gran Otro y sus esclavizadores mandatos.

En ambos relatos existe una identificación entre los personajes femeninos y Lou Andreas Salomé. En esta obra ya no usa el seudónimo masculino: Henri Lou, sino su auténtico nombre, indicando el inicio de su propia liberación interior.[136]

En el primer relato los protagonistas son Fenitschka o Fenia y Max Werner, personaje ficticio quien aparece casualmente en un café parisino. Se produce una escena en la cual una pareja agrede a la mujer de otra pareja sin ser defendida por su compañero, en una escena de goce, de placer que produce daño a otro/a.

Fenitschka se acerca a la mujer dañada y el que rechaza pasa a ser rechazado en el fluir de las pulsiones, transformación en lo contrario. En actitud fraterna Fenitschka adquiere protagonismo; la mirada despectiva de los hombres se destaca en contraste con el "contacto amable, simplemente humano" de Fenitschka hacia la muchacha agredida, en sintonía con el objeto causa de deseo. La compasión, esa modalidad del Amor, ya estaba

---

[135] Temas tratados por Freud en sus *Obras completas* y por Lacan en sus *Seminarios y Escritos*.

[136] Su primer libro *En la lucha por Dios* fue escrito bajo seudónimo, y protagonizado por un varón que ha perdido la fe e intenta hallar la paz de su espíritu.

surgiendo en la mirada de Lou hacia el otro como semejante.[137]

Y comienzan los diálogos entre Fenitschka y Werner. "Estamos entrando en la batalla por nuestra libertad, por nuestros derechos, de lleno en la vida. Quién de nosotros se dedica al estudio no lo hace solo con la mente, con la inteligencia, sino con el deseo, con todo el ser. No conquista el saber, sino un pedazo de vida repleto de emociones". Todo un esbozo de sublimación…[138]

En la conversación con Werner, Fenitschka hace señalamientos acerca de su estado de ánimo. "Y usted no se siente mal por eso?" preanunciando la futura tarea de Lou como psicoanalista.

Y ante el relato de un intento de acoso de un varón hacia una mujer, escena que se repetirá también en *Un Desvío,* la segunda narración, Fenitschka al igual que Lou, no acepta someterse, por el contrario, intenta explicarlo y poner límites a tal situación. Esto es una constante en la vida de Lou: la afirmación de sí misma, su determinación y permanente liberación de los mandatos del semejante.

Cuando Werner y Fenitschka pasan por una galería de arte, encuentran ilustraciones de *El demonio* de Lermontov que muestra al demonio seduciendo a Tamara, su entrega y muerte. Fenitschka cita sonriendo:

---

[137] Lacan articula el "objeto a" con el término "agalma" tomado de *El Banquete* de Platón. Se trata del objeto de deseo, que buscamos en el otro y lo conceptualiza como cualquier objeto que ponga en movimiento el deseo.

[138] Freud y Lacan vinculan a la sublimación con la creatividad y el arte. Juranville en *Lacan y la filosofía* la considera una estructura. En Lacan la pulsión de muerte se asocia también a la voluntad de crear desde cero.

Al alto cielo quiero elevarme

Y descender a las profundidades del océano ¡Todo lo terrenal te lo entrego!

Solo ámame, ámame.

Y Fenitschka explica que así habla el demonio después de ahuyentar al ángel de Tamara.[139]

Esta referencia improvisada a Lermontov, como otra posterior a Schiller en *Un Desvío*, muestran el interés de Lou por el tema del amor y las letras.

"¿Acaso no se imagina Ud. también al amor como algo demoníaco? " interroga Werner.

Lou responde: "Lo compararía con el pan bendecido con el que saciamos a diario el hambre, con la corriente de aire fresco a la que abrimos todos los días nuestras ventanas". Metáfora y poesía, tejidas en la palabra ...

En una comida con su tío Misha, Fenitschka se entera que han difamado su nombre (¡por haber sido vista a altas horas de la noche en una calle apartada con un varón!). ¿Qué hace ella con esa difamación? "Yo no me devanaré los sesos. Mañana lo habré dejado todo muy lejos, lejos de mí". Aludiendo a los prejuicios sociales y culturales, a los designios del otro semejante y en un plano imaginario, se libera de ellos. No los hace propios. Ser protegida solo le causa incomodidad, no desea ser tratada como una frágil pieza de

---

[139] Poema de Lérmontov basado en el mito bíblico sobre el ángel caído que se levanta contra Dios. Describe el amor del Demonio por la belleza terrenal de Tamara, amor mortífero para ésta pues el contacto con el Demonio conlleva la muerte. No fue editado en vida del poeta por tratar temas demoníacos.

cristal. "Yo no lo soy", expresa. ¿Se imagina a sí misma completa? ¿sin falta?[140]

En otra escena Werner expresa lo difícil que es comprender a las mujeres en su complejidad. Nos recuerda la dificultad de Freud ante el interrogante de Marie Bonaparte: "¿Qué demanda una mujer?". Y la evasiva respuesta freudiana.[141]

A Werner le resultaba enigmática una Fenitschka elusiva para la verdadera pasión.

En otra ocasión Fenitschka cuestiona el hecho de que la mujer deba esconder lo que hace desde lo más profundo del corazón, aunque sea algo que provoque alegría, y sea obligada a mantener secretos, incluso a sentirse sometida a los deseos del otro…[142]

En el texto aparecen relatos de sueños, de la vida onírica, sueños persecutorios. ¿Qué o quién la persigue? ¿Los mandatos epocales? Expresa sin conocer aún el énfasis que Freud le otorga a la vida onírica, vía regia, expresión de deseos reprimidos, en los que se juega el inconsciente, como en los chistes, como en los fallidos en psicoanálisis.

Fenitschka relata sus sueños y los califica: "Yo creo que nuestros pensamientos sensatos tienen muy poca

---

[140] En Lacan la falta se asocia con la castración. Es constitutiva de sujeto.

[141] Freud y Marie Bonaparte. "El gran interrogante que nunca ha sido respondido y que hasta ahora yo no he podido responder, pese a mis treinta años de indagación del alma femenina es ¿qué demanda una mujer?"

[142] El "*petit a*" o pequeño otro es en el pensamiento de Lacan el semejante, reflejo y proyección del propio yo. El *Gran Otro* es equiparado a la alteridad radical con el Lenguaje y la Ley. "Su desasimiento del Gran Otro y sus esclavizantes mandatos."

importancia en el entramado de los sueños. Nos valoramos de otro modo a nosotros y a las cosas, tal vez de manera confusa y desordenada, pero si muy sincera". Está aludiendo a los restos diurnos, a los contenidos manifiesto y latente, a aquellas funciones del sueño tan significativas para el pensamiento freudiano con el que se reunirá bastante más adelante.[143]

Y en un anuncio de su modo de actuar en la vida, Fenitschka afirma: "Para mí no es extraño ni novedoso compartir intereses y actividades con un varón en algo que me interesa y estimula intelectualmente". Así también el tema del matrimonio es recurrente: "No lo puedo pensar como objeto de mi vida, hogar, familia, hijos, es algo que me es completamente ajeno. El amor y el matrimonio no son lo mismo".

¿Aludía al matrimonio de sus padres o de otros de su época? En todo ser humano se juega y entreteje la propia historia…Su relato culmina con el tema de la liberación femenina. Le agradecía a su enamorado, se soltaba de él para ingresar a otra existencia.

---

[143] El tema de los sueños y la actividad onírica recorre toda la obra de Freud.

Un Desvío

Silvia L. de Olaso

Vamos a ver si no resulta que la mayoría de las llamadas barreras insuperables que el mundo traza vienen a ser inofensivas rayas de tiza
Lou Andreas-Salomé

En esta obra los protagonistas son Adine, artista, pintora, y Benno, un psiquiatra, su interlocutor principal.

Ambos relatos, *Fenitschka y Un desvío* se interrelacionan en cuanto al contenido: la conquista de la libertad.

La subjetividad de Lou Salomé se muestra configurada de distinta forma, pero se trata de dos versiones de una única versión: un psiquismo femenino que pugna por mostrarse enmascaradamente, tal como lo requería una época caracterizada por dificultades propias en la emergencia de la femineidad.[144]

Adine reflexiona: "Cuánto menos depende nuestra vida de lo que vivimos y hacemos conscientes y cuanto más de las impresiones nerviosas secretas que no controlamos y que no tuvieron nada que ver con nuestro desarrollo individual".[145] Obviamente, se está refiriendo al inconsciente, aunque no es nominado por ella.

Freud no fue el descubridor del inconsciente, ya tratado en el romanticismo. Sin embargo, fue quien le

---

[144] En este relato se presenta una Lou enmascarada en la representación de Adine, intentando no caer presa en el laberinto del otro, en búsqueda de una relativa autonomía, mostrando intimidades profundas de su ser.

[145] Andreas-Salomé, L. (1982), 57.

asignó una significación muy diferente a la que le atribuyeron sus antecesores, su enfoque fue científico, basado en la clínica, en casos paradigmáticos de histeria, fobia, paranoia, obsesión. Condujo su teoría a través de la cura por asociación libre con el fin de aliviar el sufrimiento humano. La búsqueda consistía en desentrañar la verdad del sujeto.[146]

Emergen en este relato recuerdos de infancia: los golpes del marido de su nodriza quien lo vive con "amorosa sumisión". En el recuerdo esos golpes permanecían ligados indudablemente a "especiales placeres de la vida", al "goce de mujeres esclavas" aludiendo sin duda al sadomasoquismo. Y expresa: "Cuan casual es el condicionamiento de un recuerdo. ¿Acaso no son miles de casualidades las que marcan nuestra vida más oculta con una violencia secreta por haber sacudido temprano, muy temprano nuestros nervios y nuestros sueños? ¿Quién es capaz de juzgar cuán casual es este recuerdo que me produce por primera vez un estremecimiento en la espalda?"[147]

Recuerdos de infancia, primeras experiencias de vida, series complementarias en el pensamiento freudiano, posterior determinación en el transcurso del tiempo de la vida.

Recuerdos del matrimonio de sus padres, ¿de la sumisión de su madre? recuerdos de un padre que la exime de las tareas propias de las niñas burguesas

---

[146] El psicoanálisis llama verdad al aparecer la verdad del síntoma con el fin de leer sus signos y desenredar la madeja dialéctica en la que este se haya fijado.

[147] Andreas-Salomé L. (1982), 58. Entregar las armas es peligroso, tal como lo hace la nodriza de Adine; significa quedar solapadamente por fuera de la interrelación humana, morir en el significante.

brindándole sus primeras clases de dibujo en elíptica alusión a la infancia propia y a la función paterna, metáfora mediante...

Sometida a un posible compromiso con Benno, Adine afirma "el ideal de ama de casa para ella poseía las características de mártir y asceta".[148]

Este compromiso la lleva a perder su equilibrio anímico a causa de sentimientos encontrados y ambiguos. Después triunfa la felicidad de vivir de su arte por el "horror generado por la dependencia del amor".[149]

Y se produce el siguiente diálogo con su madre:

M: ¿No te parece que a esta altura podrías haberte enamorado de alguien y darme un nieto?

A: No tengo la culpa de no enamorarme.

M: Eso te pasa porque pintas, hija.

A: Cuando pintas en realidad estás un poco enamorada, ¡pero es tan volátil! y con eso no me puedo casar, ¿así que cómo darte un nieto?

Y una expresión para rescatar: "mientras se pinta, se piensa", un pensar creativo...[150]

A posteriori plantea el encuentro con una baronesa lisiada, liberada de su dolor por el tratamiento con Benno, preanunciando la cura por el psicoanálisis.

La baronesa expresa la felicidad que le producen la literatura, la historia y la filosofía, las que le posibilitan

---

[148] A Adine le es casi imposible entrar en la dimensión del Gran Otro que esclaviza al sujeto.

[149] Adine incursiona en una nueva relación que se establece con el significante del deseo y se inscribe en otra dimensión existencial que en la teoría psicoanalítica es la sublimación.

[150] Significa brindarse a otros objetos de Amor: el arte que salva de la captura de aquellos amos contrapuestos al lugar donde pueden realizarse las pulsiones.

superar una violencia interna, una pena reprimida, un desconsuelo.

Pulsiones sublimadas, elaboración de las pérdidas en la pérdida del cuerpo sano. Castración, falta y un "saber hacer" con ella...

El tema de la baronesa lisiada es recurrente en la búsqueda de la felicidad. ¿Se siente Adine lisiada, deformada por la cultura de su época y se identifica con la baronesa al eludir el sufrimiento debido al encuentro de ella misma con el arte?

El contacto con una edición de *La muerte de Wallenstein* de Schiller, posibilita el recuerdo del monólogo de Thekla a su amado Max y posterior suicidio ante su tumba.

> La flor se ha ido de mi vida
> Fría y pálida la veo ante mí
> Pues él a mi lado, como mi juventud
> Transformó la realidad en sueño
> Tejiendo en torno a la vulgar claridad de las cosas
> La dorada fragancia de la aurora
> En el fuego de su sentimiento amoroso
> Se alzaron ante mi asombro
> Las pedestres figuras cotidianas de la vida
> Cuanto pueda aspirar aún en adelante
> Lo bello se ha ido y no volverá.

Se trata de un poema que alude al duelo, al amor perdido, al dolor, a la muerte.[151]

---

[151] Se trata de la otra muerte, la real, aquella que no podemos representar en psicoanálisis, la que nos lleva como un agujero negro a adentrarnos en nuestra propia finitud.

Hay en Adine un rechazo a todo lo que no sea abismo y peligro, en relación a la felicidad. Un abrirse a lo abierto, a lo insondable.

En otro pensamiento con relación a la vida psíquica, afirma que ésta es como si fuera un nudo a desatar, a desentrañar. La tarea psicoanalítica, una artesanía.

Adine expresa: "Las corrupciones más delicadas e íntimas de la vida psíquica permanecen imperceptibles a la vista." Otra alusión al inconsciente....

El relato *Un desvío* muestra el conflicto y la tensión entre las expectativas que se depositan en Adine - Lou como mujer y su recorrido individual que poco a poco la alejan de ellas.

¿Por qué Lou aborda estos temas en su obra? Porque en un sentido son los que responden a la cultura y ambiente epocal y a un cambio que poco a poco se va instalando; reflejan las indagaciones que más inquietan a su subjetividad.

A la luz del paradigma de esos tiempos podemos visualizarlo con mirada objetiva.
Un cambio se venía gestando, una ruptura del paradigma vigente en su mundo afectando al paradigma del mundo que habitamos hoy.

Si Lou se aparta de la norma, a través de un desvío, es por considerarla injusta, en falta, desmedida. Porque requiere de un desvío del camino trazado de antemano, un gesto de atrevimiento para producir una nueva vida, un nuevo lenguaje.

Bibliografía

Andreas-Salomé, Lou. (1982). *Fenitschka. Un desvío.* Las Furias.

----- (2020). *Aprendiendo con Freud. Diario de un año 1912-1913.* Laertes ediciones.

Freud, Sigmund. (1975). *Escritos breves 1914-1916. Contribución a la historia del movimiento psicoanalítico. Obras completas, XIV.* Amorrortu editores.

Juranville, Alain. (1988). *Lacan y la filosofía.* Nueva Visión.

Kancyper, Luis. (2014). *Amistad. Una hermandad elegida.* Lumen.

Lacan, Jacques. (1973). *Seminario 11. Los cuatro conceptos fundamentales del psicoanálisis.* Paidós.

Peters, H.F. (1980). *Mi hermana, mi esposa. La vida de Lou Andreas- Salomé.* Plaza y Janés Editores.

Platón (2000). *El banquete. Diálogos.* Bureau editor.

Rilke y Lou Andreas-Salomé
Una relación incentivada por la poesía de la vida

María Gabriela Rebok-Holz

> *"La primavera ha vuelto. La tierra*
> *es como un niño que sabe poemas"*
> R. M. Rilke

1.*Una época nacida bajo el signo del arte y nuevas conquistas de libertad*

Lou Andreas-Salomé es la figura relacionante entre personalidades potentes de una época de entresiglo innovadora, que se autodenominó "belle époque", con predominio del arte como Jugendstil, caracterizada por una gran efervescencia cultural. Estamos ante una verdadera bisagra histórica, como ya lo expusiera Graciela Ritacco. Los criterios de demarcación varían. Para la mayor parte de los historiadores se trata de un enclave entre dos guerras: la terminación de la guerra franco-prusiana en 1871 y el comienzo de la Primera Guerra Mundial en 1914.

Si asumimos la perspectiva del arte, más significativa tanto para Rainer Maria Rilke como para Lou Andreas-Salomé, podemos hablar del *modernismo*, denominación catalana, o de la modernidad clásica - *"Klassische Moderne"*, como prefirieron llamarla los de habla alemana. Abarca, entonces, desde 1890-1920, o sea, el período *"fin de siècle"* y *"belle époque"*. Según el país recibe distintas denominaciones, siendo *"belle époque"* quizás la más afortunada, aunque un tanto nostálgica.

Otros nombres, igualmente significativos, son "*Art nouveau*" o "*Art deco*" en Francia, "*Jugendstil*" en Alemania, "*Secessionsstil*" en Viena, "*Modern Style*" o "*Liberty*" en Inglaterra, "*Stile Floreale*" en Italia, "*Tiffany Style*" en Estados Unidos. En todas estas denominaciones encontramos la insistencia en la *novedad* como rasgo distintivo de toda modernidad. Pero ésta es diferente de la que conoció su período de gloria en el siglo XVIII, ya que uno de sus rasgos más distintivos es liberarse de cualquier tradición petrificada. Por eso ahora también la insistencia en la *libertad*. La apelación a la *juventud* tiene resabios del romanticismo con su búsqueda de un nuevo comienzo. Toca asimismo destacar la palabra "estilo". Consideramos muy acertada la caracterización del estilo que diera Peter Behrens, en su libro *Fiestas de la vida y del arte* (*Feste des Lebens und der Kunst*), publicado en Jena en 1900:

> El estilo de una época no significa ninguna forma particular de un arte particular; cada forma es tan solo uno de los muchos símbolos de la vida interior, cada arte sólo participa de un estilo. Pero el estilo es el símbolo del sentir común, de toda una concepción de vida de una época, y se manifiesta sólo en el universo de las artes.[152]

---

[152] "Der Stil einer Zeit bedeutet nicht besondere Formen in irgendeiner besonderen Kunst; jede Form ist nur eines der vielen Symbole des inneren Lebens, jede Kunst hat nur teil am Stil. Der Stil aber ist das Symbol des Gesamtempfindens, der ganzen Lebensaufffassung einer Zeit, und zeigt sich nur im Universum aller Künste. "Behrens, Peter, *Feste des Lebens und der Kunst*, cit. por Fahr-Becker, G., (2012), 6. [La traducción española en el texto M. G. Rebok-Holz].

Con todo, esta nueva época abarca múltiples corrientes artísticas, básicamente dirigidas contra el naturalismo y el realismo en el arte decimonónico. Ahora las nuevas tendencias son el impresionismo, el simbolismo, el expresionismo, el esteticismo. Ellas colorean también la obra de Rilke.

Con el *impresionismo* (1890-1920) queda habilitada la mirada subjetiva en la percepción sensible que busca plasmar el momento con sus colores y las especiales reverberaciones de la luz.

El *simbolismo* (1860-1925) genera nuevos mundos artísticos preñados de símbolos que desafían a un ejercicio de interpretaciones. Su convicción básica es la profunda relación entre todo lo que es. Los símbolos -ya sean míticos, oníricos o poéticos- evocan dicha conexión. Apuntan a un plus de realidad que acoge el *surrealismo* o *superrealismo*, término que propone la RAE. El primero en acuñar la expresión "surrealismo" fue Guillaume Apollinaire en 1917, si bien el movimiento asienta sus bases en el *Manifiesto del surrealismo* de André Breton (París, 1924).

El *expresionismo* (1905-1925) acusa el impacto de la sobrexcitación en las grandes ciudades, con sus ebriedades y ensueños, sus condenas al anonimato y peligros de alienación. Lo feo y lo grotesco, lo pasajero y la muerte invaden el escenario urbano. La estancia de Rilke en París lo refleja en sus *Cuadernos de Malte Brigge* (1910). La pintura de Paula Becker-Modersohn, amiga de la esposa de Rilke -Clara Westerhoff- en Worpswede, es una evidente anticipación del movimiento.

El *esteticismo* (1890-1920) retoma la apuesta del *romanticismo* (1795-1835) que declara lo *bello* como bien supremo. La *subjetividad* está habitada por un *infinito interior*. Estimamos que éstas son también las raíces del *Weltinnenraum* (espacio interior cósmico) rilkeano. Cabe hablar aquí de aquella configuración de la conciencia que Hegel denominara "alma bella".[153] Son sus características: el estallido de la subjetividad que encuentra en sí lo infinito abismal. En ella reconoce la "voz de Dios", que es también la *fuerza* interior, fuente de toda creatividad. Además, si bien el romántico porta la marca de la *soledad*, instituye -gracias al lenguaje- una comunidad en la que los integrantes se reconocen mutuamente en su excelencia. Ejercen literalmente la bendición, el buen decir unos de otros.

La presencia de esta última corriente en Rilke se nota ya en su conferencia de 1898, en la que -tras leer a Dante a instancias de Lou- adhiere a la propuesta de la *Vita nuova*: "el arte no debía hablar otro lenguaje que el de la belleza", el artista ha de alejarse de su propio tiempo para "descubrir cuánta eternidad hay en nosotros". Otro hito orientador es la sentencia de Dante: "Si sigues a tu estrella, por fuerza has de arribar a glorioso puerto."

Rilke admiraba sobremanera a Dostoievski, quien le hace decir en *El idiota* al príncipe Mishkin: "La belleza salvará al mundo".[154] Crear belleza con su obra es, para Rilke, un modo de cura de sí mismo y del mundo.

No menos importante es tener en cuenta las condiciones socio-políticas que posibilitaron formas inéditas de libertad en la cultura inervadas por la libertad creadora en las artes.

---

[153] Cf. Hegel, G. W. F. (⁶1952), 460s.
[154] Dostojewski, F. M. (²⁴2020), 503.

Como sabemos, René Karl Wilhelm Johann Josef Maria Rilke nació en Praga el 4 de diciembre de 1875. Era todavía el tiempo del Imperio Austrohúngaro (1867-1919). Se trata de un *Estado transnacional*, sucesor del Sacro Imperio Romano Germánico. [155] Ambos pueden considerarse antecedentes históricos de la actual Unión Europea. Formaban parte del Imperio Austrohúngaro los actuales Estados de Austria, Hungría, Croacia, República Checa, Eslovaquia, Eslovenia, Bosnia y Herzegovina como también sectores de Italia, Serbia, Montenegro, Rumania, Polonia y Ucrania. El Imperio Austrohúngaro tuvo un abrupto fin tras la Primera Guerra Mundial en 1919. Desencadenante de la guerra fue el asesinato de parte del anarquista serbio, Gavrilo Princip, del sucesor del trono austrohúngaro, Francisco Fernando y su esposa, en Sarajevo. Con ello también se abortó la liberalización política del Imperio, que estaba en los proyectos de Francisco Fernando.

En otro contexto, le toca a Lou Andreas-Salomé presenciar una catástrofe política parecida. Su momento histórico es aquel en el que la Rusia zarista, bajo el Reinado del zar Alejandro II emprende una moderni-zación político cultural: libera a los siervos de la gleba y habilita el acceso a la educación básica de las mujeres. Ello provoca grandes tensiones y hasta conflictos con las tradiciones populares y religiosas. Tras ocho atentados contra su vida, termina despedazado por una bomba en 1881.

A pesar de los indudables progresos técnico-científicos y de la apertura de nuevos espacios de *libertad*,

---

[155] https://enciclopediadehistoria.com/imperioaustrohungaro/Consultado el 7 de nov. de 2022.

la contracara es sombría. Rilke expresa su crítica sobre todo en *Los cuadernos de Malte Laurids Brigge* (París, 1910) en los siguientes términos: "Pues este siglo había hecho realidad terrenal el cielo y el infierno. Se nutría de estas dos fuerzas, para sobrevivirse a sí mismo."[156] Surgieron ciudades equívocas a las que la gente iba para vivir, pero en las que acababan muriendo extrañados de sí mismos. En todas partes nos salen al encuentro los emisarios de la finitud, mostrando su borde *terrible*. Advierte: "La existencia de lo terrible en cada partícula de aire."[157] La proliferación de las máscaras impide poder identificar un rostro. Rilke mismo, en una carta a Lou, se considera un *sobreviviente*, que ha podido exorcizar el terror con la escritura.

Desde entonces tanto Rilke como Lou saben que la libertad es una dura e inacabable conquista. Debe comenzar ya en las relaciones cotidianas para conectarlas con su profundo valor simbólico.

2.Rilke y Lou Andreas-Salomé hermanados en la visión poética del mundo

Para comprender adecuadamente a Rilke, el hilo conductor y foco de su poetizar y pensar es la *poeticidad del mundo*, magistralmente expresada en *Sonetos a Orfeo*, soneto XXI de la primera parte: "Vino la primavera. La tierra es como un niño que sabe poemas [...] ella canta, ella canta."

Primavera ha vuelto. La tierra es como un niño que
    sabe poemas; muchos, sí, muchos... Por la fatiga de

---

[156] Rilke, R. M. (s.f.), 133.
[157] *Ibíd.*, 45.

largos aprendizajes recibe el premio. Estricto fue su maestro. Nos gustaba lo blanco en la barba del anciano. Bien, cómo se llama lo verde, lo azul, podemos preguntar: ¡lo sabe, lo sabe!
Tierra, que es libre, dichosa tú, juega ahora con los niños. Te queremos atrapar, tierra alegre. El más alegre lo logra.
Oh, lo que el maestro le enseñó, lo mucho, y lo que está impreso en raíces y largos, arduos troncos: ¡lo canta, lo canta! [158]

"Frühling ist wiedergekommen. Die Erde
 ist wie ein Kind, das Gedichte weiß;
 viele, o viele.... Für die Beschwerde
 langen Lernens bekommt sie den Preis.

Streng war ihr Lehrer. Wir mochten das Weiße an
dem Barte des alten Manns.
Nun, wie das Grüne, das Blaue heiße,
dürfen wir fragen: sie kanns, sie kanns!

Erde, die frei hat, du glückliche, spiele
nun mit den Kindern. Wir wollen dich fangen,
fröhliche Erde. Dem Frohsein gelingts.

O, was der Lehrer sie lehrte, das Viele,
und was gedruckt steht in Wurzeln und langen
schwierigen Stämmen: sie singts, sie singts!"[159]

[158] Rilke, R. M. (2018), 46 s. [Hemos ajustado la traducción.]
[159] Rilke, R. M. (⁴1980), 63 s.

La inspiración del poema -según Antonio Pau[160]- hay que localizarla en Ronda, diez años antes (1912). Allí, en un convento de monjas, escuchó Rilke a un coro de niños que danzaban acompañándose con triángulo y pandereta. Se sugiere leer el texto alemán para captar ese ritmo musical.

Sin embargo, la plenitud primaveral parece alcanzarse recién con la palabra del poeta. Así, la primera *Elegía de Duino* declara: "Sí, las primaveras ciertamente te necesitaban."[161]

También en la biografía de Lou hay un viaje al sur de Europa que le regala el acontecimiento desbordante de tres primaveras seguidas.

La *primavera* puede considerarse como la *infancia de la tierra*. La *infancia* es un *Leitmotiv* rilkeano por excelencia. Contra los que sólo ven la temática de la *muerte* en Rilke sostuvo Lou Andreas-Salomé que él era fundamentalmente el *poeta de la vida*, a la que amaba con una intensidad nada común. A ella pertenece también la muerte como su lado oscuro, nocturno e invisible. Así derriba sus límites en beneficio de la infinitud.

También Stefan Zweig, en su discurso a la memoria de Rilke, focaliza la creación rilkeana en la *vida*. Advierte en Rilke "imágenes lingüísticas fascinantes y hermosas, en las que alaba la vida como una experiencia que nos permite nuevamente ser niños cada día. Esta experiencia se logra cuando estamos dispuestos a penetrar totalmente en las dos grandes profundidades del ser humano: el amor y la muerte."

---

[160] Pau, A. (⁴2019), 284.
[161] Rilke, R. M. (⁴1980), 12.

Con todo, la *primavera* se presenta como el contrapunto al *otoño*, estación que nos inicia en el desprendimiento como ejercicio de nuestra ineludible *finitud*.[162]

Nuestro *espacio interior cósmico* sigue a la escucha de los acontecimientos de la naturaleza en sus privilegiados paisajes místico- metafísicos. Rilke los vivió en especial en Rusia y España. En Rusia lo sacudió el infinito horizontal, en España tanto Toledo como Ronda le abrieron el infinito vertical. Toledo le sumó la experiencia decididamente vertical de los ángeles de El Greco.

En 1896, Rilke abandona su Praga natal para dirigirse a Munich y se contacta allí con la escena cultural. Tras ser presentado por el joven escritor Jakob Wassermann a Lou Andreas-Salomé en 1897, Rilke recibió el impacto de esta mujer extraordinaria, tanto por su porte exterior como por su aguda inteligencia, su gran cultura y la red de relaciones que mantenía con las personalidades más destacadas en este gran giro epocal. Desde el primer encuentro con Lou Andreas-Salomé, Rilke descubre su mujer-musa. El poema a Lou Salomé indica ya esa especial relación amorosa con Rilke, tan apasionada como efímera al comienzo como de leal amistad que duró toda la vida. Muy acertadamente Antonio Pau[163] escribe que Lou amó a Rilke "con una intensidad tan atronadora como efímera", pero que operó un cambio profundo en Rilke y arrojó como resultado una "caligrafía limpia y clara".

---

[162] Más adelante damos la versión completa del poema "Otoño" por la importancia que tiene la influencia de la escultura tanto de Clara como de Rodin en *El libro de las imágenes*.

[163] Pau, A. (⁴2019).

Rilke vio en muchas mujeres el arquetipo de la musa, pero Lou fue la musa por excelencia, como también su crítica más constante, e indudable apoyo psicológico.

Con todo es de señalar que no fue ella la que lo acompañó en el lecho de su muerte, sino una de sus mecenas decisivas en sus últimos años, Nanny Wunderly-Volkart (1878-1962).

3.Rilke o la interpretación en clave simbólica del mundo

Rilke era propenso a descubrir señales misteriosas en su entorno. Así, por ejemplo, la letra bendita M que llevamos en la palma de nuestra mano, sugería ante todo las madres.[164] No se trata particularmente de su madre biológica, aunque fue indudablemente decisiva por cultivar en él su inclinación al arte, contra la voluntad del padre, quien se empeñaba en desplegar en René lo masculino mandándolo al liceo militar de Sankt Pölten. Asimismo, fue su madre Sofía -o también llamada Pía- la que sembró en él una religiosidad centrada en el culto diario a María, pero cuyo punto culminante eran las celebraciones de Navidad. En ellas quedaron como grabadas a fuego las imágenes de los *ángeles* que festejan el nacimiento de Jesús.

En suma, la antes aludida "M" simboliza también a la Virgen María. Sofía Rilke había sufrido la pérdida de su primera hija. Por eso, decidió bautizar al niño con el nombre de René, o sea, vuelto a nacer. Preventivamente lo consagra también a la Virgen, con lo cual termina

---

[164] Rilke, R. M. (⁴1980), 44 (10. Elegía).

llamándose René María. El nombre René traía consigo una destinación un tanto fatídica, la de reemplazar a la hermana muerta. A eso se sumó la costumbre de la época de vestir con vestidos de niña también a los varones. Rilke lo asumió como un juego para jugar a diferentes roles, sobre todo cuando se trataba de diferenciar entre el papel del malo y del bueno.

Lou Andreas-Salomé vio el peligro que se cernía en el nombre René María, y, so pretexto de que era poco literario, decide rebautizarlo como "Rainer María". La psicóloga en ciernes seguramente sabía de la potencia desencadenada por la imposición del nombre. Como era bastante autorreferente, señalaba la posibilidad de un nuevo comienzo a partir de la relación con ella. En paralelo, otro encuentro -el de Lou con el que fuera su maestro Hendrik Gillot (Maestro también de los hijos del Zar) cambia el difícilmente pronunciable Ljola por el de Lou. Encontrar el propio nombre es develar un destino. Se accede a lo más propio por medio de otro y -ambos, uno y otro- unidos en el amor de Otro. Queda el interrogante de si era a Dios a quien amaba a través de él o a él a través de Dios.

3.1. El símbolo "M" grabado en nuestra mano

La letra "M" con su carga simbólica siguió siendo uno de los hilos conductores a lo largo de la vida de Rilke. Solía provocar en casi todas sus relaciones con las mujeres el rol materno, por muy dormido o negado que estuviera en las respectivas destinatarias del amor del poeta, tal es caso de Lou. Puede percibirse una línea de significantes: madre-María-mujer-mecenas. En las mujeres de la época despertaba una ola de entusiasmo -

quizás hasta frenesí en algunos casos- la poesía amatoria de Rilke. Muchas habían aprendido sus poemas de memoria y buscaban ansiosamente el encuentro con el poeta. Pero por parte de Rilke era un erotismo verbal que excitaba las almas femeninas y encubría un amante que no estaba a la altura de sus poemas. Veía en toda relación una latente amenaza a la restricción de su libertad. Y ésta le era imprescindible para seguir creando. Por eso en su vínculo con las mujeres hay un persistente modelo de comportamiento de Rilke: al comienzo un entusiasmo rayano en lo posesivo, para luego advertir lo vinculante con su sabor a cadena. Se imponía, entonces, la despedida. Una justificación poética la encontramos en su tratamiento de las históricas y hasta ficticias amantes abandonadas. Es como la marca de la joya que quedó en el estuche vacío, melancólica huella del amor que se ha ido.

El ejercicio de la transfiguración poética seguía coloreando su relación con las mujeres. No resulta nada extraño que recibiera los apelativos de *"Dottor Seráfico"* de parte de la princesa Marie von Thurn und Taxis, o el de *"Fra Angélico"*, como gustaba llamarlo la música Magda von Hattingberg.[165] Como bien lo señala Heimo Schwilk, en su libro *Rilke y las mujeres. Biografía de un amante*, Rilke repetía siempre el mismo modelo: "[...] amistades duraderas y vinculantes mantiene Rilke sólo con las mujeres maternales, de las que se promete a sí mismo una promoción de su obra. Por eso se sostienen las relaciones con la princesa Marie von Thurn und Taxis,

---

[165] Schwilk, H, (³2019), 174 y 187.

con Katharina Kippenberg[166] o Nanny Wunderly-Volkart."[167] Como veremos, Lou Andreas-Salomé si bien por la diferencia de quince años de edad cabe en el esquema maternal, no se reduce a él.

En la misma línea simbolista tan cara a Rilke, no sería extraño ver en la "M" el preanuncio de su residencia en el castillo de Muzot, donde finalmente puede concluir las elegías comenzadas en Duino. En señal de reconocimiento a su hospitalaria dueña, la princesa Marie von Thurn und Taxis, fueron dedicadas a ella.

Muy poco después del primer encuentro con Lou Andreas-Salomé, Rilke le dejó en una mesilla a Lou la siguiente nota, que luego, pasados los años, él la incluyó -a instancias de la misma Lou- en su poemario *El libro de horas* (*Das Stundenbuch*) como un poema dentro del primer ciclo de los tres libros que lo conforman y que dice así:

Apágame los ojos: puedo verte; tápame los oídos: puedo oírte, y puedo ir hasta ti sin pies, y hasta sin boca puedo yo jurarte. Arráncame los brazos, te asiré yo con mi corazón como con una mano, retén mi corazón, latirá mi cerebro, y si arrojas el fuego a mi cerebro, entonces yo te llevaré en mi sangre.

---

[166] Katharina Kippenberg y su esposo Anton son los dueños de la editorial Insel, que se hizo cargo con suma generosidad de la edición de la obra de Rilke. Su entusiasmo por el poeta y escritor quedó asentado en la redacción de una monografía sobre Rilke de parte de Katharina.

[167] *Ibid.*, 194.

(Rainer Maria Rilke, entre el verano y el otoño de 1899, traducción de Fernando J. Palacios León)

El texto original en alemán dice así:
Lösch mir die Augen aus: ich kann dich sehn, wirf mir die Ohren zu: ich kann dich hören, und ohne Füße kann ich zu dir gehn, und ohne Mund noch kann ich dich beschwören. Brich mir die Arme ab, ich fasse dich mit meinem Herzen wie mit einer Hand, halt mir das Herz zu, und mein Hirn wird schlagen, und wirfst du in mein Hirn den Brand, so werd ich dich auf meinem Blute tragen.[168]

3.2. La rosa o el íntimo centro de lo Abierto

En la película *"Lou"*, al cuestionar la actitud defensiva de Lou sosteniendo la libertad aun a costas del amor, Rilke recita su poema e inaugura un gesto que repetirá en sus sucesivos amores: le entrega un ramo de rosas. Se trata de otro símbolo rilkeano muy significativo. Tiene su origen en aquella devoción de la infancia a la Virgen, invocada también como "rosa mística".

Este casi convencional signo de *amor* y de *don* alcanza en Rilke, con su sueño poético, una dimensión metafísica. La rosa revela este íntimo y firme centro de lo Abierto, poetiza al Uno que se despliega en el Todo. Viene a ser la anticipación simbólica del espacio interior cósmico (*Weltinnenraum*). El despliegue, suave y fluido, acontece en la multiplicación de sus pétalos que evocan en el poeta a los párpados. Con razón advierte Pau[169] la

---

[168] Rilke, R. M. (^{28}2020), 64.
[169] Pau, A. (^{4}2019).

vecindad fónica entre párpado (*Lid*) y canto (*Lied*). No obstante, debemos recalcar la diferencia entre la "i" breve y la "i" larga o "ie" de Lied. Porque es largo el camino hacia el poema, si bien jalonado de rosas.

A propósito, parafraseamos a Olga Orozco, quien sufrió-gozó el poetizar. Afirmaba que "con esta boca, en este mundo" nunca alcanzará el corazón cerrado de la rosa.

Retornando a Rilke, quien tras haber presenciado con desagrado una riña de muchachos en la calle, vuelve a su casa y se serena al contemplar el jarrón de rosas y escribe el poema con el mismo título.[170]

Hay instantes en los que una rosa resulta más importante que el pan. En torno a la gris y austera torre del castillo de Muzot, Rilke hace plantar rosas trepadoras hasta cubrirla completamente. Es el pinchazo de una rosa el que permite el diagnóstico de su leucemia, en la década del 20. Paradójicamente, en el año de su muerte (1926), transmite una cierta dulzura de las rosas en su poema francés *"Les roses"*, quizás a la espera de una muerte dulce.

Y, finalmente, elige como epitafio el poema que tanto se difundió:

Rosa, ¡oh pura contradicción!
Alegría de ser el sueño de nadie
Bajo tantos párpados.

Con frecuencia se ha comparado a la muerte con el dormir definitivo. Pero Rilke estaba empeñado en anular la convencional separación que solemos operar entre la

---

[170] *Ibid.*, 168.

vida y la muerte. La vida es un incansable recomenzar y florecer.

4.*Una nueva concepción del amor gracias al aporte femenino*

Tras el primer encuentro de Rilke con Lou el vínculo se profundiza. Rilke nos lega un retrato de Lou que sugiere que en ella encontró no sólo una mujer excepcional, sino que ella reúne en sí los diferentes roles posibilitados por la esencia misma de la mujer:

> Eras para mí la más materna de las mujeres,
> Una amiga eras como lo son los varones,
> Una mujer eras para mirarte,
> Y con frecuencia eras todavía una niña.
> Fuiste lo más tierno que me salió al encuentro,
> Lo más duro con que luché.
> Tú eras lo alto que me bendijo
> Y fuiste el abismo que me devoró.

A su vez, Lou da el siguiente testimonio de su profunda relación amorosa con Rilke, caracterizada no por la mutua carencia o incompletud, sino por la sobreabundancia:

> Si durante años fui tu mujer, fue porque tú fuiste para mí lo *por primera vez real,* cuerpo y ser humano indiferenciablemente uno, hecho indubitable de la vida misma. Palabra por palabra habría podido confesarte lo que, como confesión de amor, me dijiste tú: «Sólo tú eres real». Así nos convertimos en esposos aun antes de habernos hecho amigos, y nuestra amistad apenas si fue elegida, sino que provino de bodas igualmente

subterráneas. No se buscaban en nosotros dos mitades: la totalidad sorprendida se reconoció, con un escalofrío, en la increíble totalidad. Y así fuimos hermanos, pero como de tiempos remotos, antes de que el incesto se tornara sacrilegio.[171]

Podemos leer aquí una concepción del amor como propuesta innovativa. En calidad de personas no somos mitades, sino totalidades abiertas al crecimiento según una destinación originaria y el reconocimiento mutuo. El encuentro con el otro es *acontecial*, aporta un nuevo sentido al servicio del despliegue de la propia personalidad. Confirma a cada uno en su ser no escindido en cuerpo y alma. Siempre se trata de una afinidad electiva que desafía la libertad creadora. Se trata de amar en el otro su libertad con toda la potencia de la libertad propia. Por eso el amor termina siendo un custodio de una soledad imprescindible.

Muy semejante es la posición de Rilke en este tema, como consta en las *Cartas a un joven poeta*. Reconoce que el *amor es difícil* y más bien el fruto de un largo aprendizaje. Es una "prueba suprema", un cometido grande y trascendente.

Amar no es, en absoluto, algo que suponga diluirse en otro ser, ni entregarse y unirse a él. ¿No sería una unión entre seres inacabados, faltos de luz y de libertad? Amar es más bien una ocasión, un motivo sublime que se ofrece a cada persona para madurar y llegar a ser algo en sí misma; para volverse mundo, todo un mundo, por amor a otro.[172]

---

[171] Andreas-Salomé, L. (2018), 147.
[172] Cit. por Pau, A. (⁴2019), 101.

El verdadero amor implica una mutua custodia de la libertad:

> Porque esto es culpa, si hay algo que es culpa
> No aumentar la libertad del amado
> Con toda la libertad que en sí mismo surge.
> Donde amamos, tenemos por cierto sólo esto:
> Dejar uno al otro; porque esto nos sostendrá,
> Esto nos resulta fácil y no ha de aprenderse.

Más aún, para Rilke, la clave de un buen matrimonio reside en que los cónyuges asuman ser los guardianes de las respectivas soledades. Definición nada extraña cuando se trata de *artistas*. La *creatividad* extrae su aliento de la *soledad*, por eso vuelve a ella para generar lo *nuevo*. Semejante amor, no consume, sino *consuma*. "Ser amado es pasar, amar es permanecer."[173] Es el pozo profundo del cual extrae el agua que da vida.

Volviendo a Lou, ella aporta algo más. Es sobre todo para la mujer el reemplazo del paradigma "dominación y servidumbre" por el de "hermandad" lo decididamente liberador. Sin proponérselo, Lou se inscribe con ello en una historia con impronta de la *Antígona* de Sófocles[174] y la propuesta cristiana de la hermandad. Tampoco está ausente en la cultura argentina con el famoso "los hermanos sean unidos" del *Martín Fierro* de José Hernández.

En su libro *Rodinka*, expone Lou con toda claridad cómo el varón ha empobrecido sus posibilidades al

---

[173] Rilke, R.M. (s.f.),150.
[174] Cf. Rebok, M.G. (2012).

olvidar -entre sus roles de caballero, amante y señor- el más significativo de *hermano*.[175]

Esta convicción fundamental llevará a Lou a propuestas de convivencia con los varones, incluso con los más notables, a contracorriente de lo convencional. Esto queda testimoniado en la "trinidad de estudios" que conforma con Nietzsche y Rée, sin exceptuar a su propio marido, el orientalista Friedrich Andreas. Vimos cómo describe su relación amorosa con Rilke, sin retroceder ante la sospecha de incesto.

En *La lucha por Dios*, el personaje femenino, Jane, expone su teoría del *amor*, afirmando que no se trata de una ceguera respecto de las carencias de la persona o de la fe. Por el contrario, es una mirada profunda dirigida a la esencia de lo amado. Semejante mirada es posible gracias a un hondo parentesco que otorga unidad a la relación. "El amor no es otra cosa que el mutuo abrirse del ser espiritual…El amor es una mirada profunda (*Tiefblick*)."[176]

El alcance de la relación entre Lou y Rilke avizora profundidades esenciales. Es una cercanía no invasiva, como lo es la relación entre libertades que se incentivan mutuamente. Así lo reconoce Lou:

"¡Quién puede penetrar la oscuridad de la mutua proximidad y lejanía! En medio de esa mi cercanía a ti, ardiente y llena de cuidados, estaba, sin embargo, fuera de aquello que reúne en uno a varón y mujer, y ya nunca más fue para mí de otra manera. Intangiblemente excluida de lo que *quedaba,* de lo

---

[175] Wendt, G. (⁵2020), 47.
[176] Cita de Decker, K. (⁶2020), 124.

que iba a crecer, viviente, hasta la hora de tu muerte, hasta la mía." [177]

No deja de sorprender este final, casi una alusión al texto litúrgico nupcial. Es que, para la antes mencionada Jane de *La lucha por Dios*, la disposición femenina hacia la religiosidad en manera alguna es un signo de debilidad, sino que es un verdadero privilegio y la grandeza de lo femenino. Su aporte es el arraigo en el fundamento.

También Rilke reconoce que las mujeres: "Durante siglos han llevado a cabo todo el amor, han desempeñado las dos partes del diálogo."[178] Su fuerza había consistido en "ser encontradas", ahora se vuelven activas, buscan.

El halo de sacralidad que espiritualiza al amor puede leerse también en el texto siguiente de Lou Andreas-Salomé:

> Desde nuestro Pentecostés en adelante, no sólo leía contigo lo que creabas, lo recibía y lo afirmaba como un juicio sobre tu futuro, que nada podía detener. Y allí fui una vez más tuya, de una segunda manera —en una segunda doncellez."[179]
> "No podía dejar de saber que detrás del poeta, coronado por el destino, y del hombre, que ante aquél se destrozó, había todavía Uno —Uno que por nacimiento *fuiste* tú hasta el final—: Uno que tenía confianza en sí mismo porque, muy por encima de sí, la tenía en Aquél por quien tan confiadamente se sentía llevado, que aceptó la

---

[177] Andreas-Salomé, L. (2018), 166.
[178] Rilke, R. M. (s.f.), 81.
[179] Andreas-Salomé, L. (2018), 167.

misión de dar testimonio poético de él. Cada vez que volvíamos a encontrarnos en persona, hablábamos, vivíamos en ese *eterno presente* del cual extraías la confianza como uno de los hombres más niños, cuyos pasos no pueden errar porque permanecen orientados sobre el fundamento primigenio.[180]

"Siempre me dirijo hacia ti con todo mi andar, porque quién soy y quién eres tú si no nos comprendemos. "[*Ich geh doch immer auf Dich zu mit meinem ganzen Gehn, denn wer bin ich und wer bist Du wenn wir uns nicht verstehen.*]" Vale tanto para la mujer amada como para el Dios escondido, pero buscado.

Entre el amor y la poesía se configura un "círculo virtuoso": el amor desencadena la creatividad en Rilke. A su vez, el poeta manifiesta su agradecimiento en la poesía, lleve o no la dedicatoria a la amada-musa.

Más aún, el amor y el sufrimiento aprendido son -para Rilke- los ejes de trascendencia de la vida humana, son lo eterno en el hombre. Sus huellas hacen camino, un camino cuya dirección es dada por Dios.

5. *Exploración poética del profundo secreto de la vida*

De las tres relaciones más significativas de Lou, con Nietzsche, Rilke y Freud, la que se evidencia como verdadero parentesco espiritual es la relación con Rilke. Son dos personalidades libres y creativas que se potencian en la relación. Comparten la misma cosmovisión: "*la vida*

---

[180] *Ibid.,* 168.

como poesía". Así lo proclama el epígrafe de *Mirada retrospectiva* de Lou Andreas-Salomé:

«La vida humana —qué digo, la vida en general— *es* poesía. Sin darnos cuenta la vivimos, día a día, trozo a trozo. Pero, en su inviolable totalidad, es ella la que *nos* vive, la que *nos* inventa. Lejos, muy lejos de la vieja frase "hacer de la vida una obra de arte"; no somos *nuestra* obra de arte.»

Para decirlo con una expresión nietzscheana, nos encontramos ante un "Santo decir sí a la vida". Testimonio de ello es el poema de Lou "Canto a la vida":

Canto a la vida
Igual que cada amigo ama a su amigo,
así te amo yo a ti, vida enigmática.
Tanto si me haces gritar de gozo que llorar,
Tanto si me das penas o placeres.
Yo te amo en la aflicción y en la alegría.
Y si alguna vez quieres acabar conmigo,
Me arrancaré de tus brazos con dolor
Como se arranca el amigo del pecho de su amigo.

Con todas mis fuerzas yo te abrazo.
Deja que en tu llama arda mi espíritu.
Y que en el fragor de la lucha
Encuentre yo la clave al enigma de tu ser.
Quien tuviera siglos para existir, para pensar.
Abrázame con fuerza entre tus brazos.
Si no te queda ya felicidad que darme,
De acuerdo, dame ese sufrimiento que aún te queda.[181]

---

[181] La traducción al español es de Antonio Pau.

La vida como toda actividad creadora es un placer-dolor. Algo parecido se detecta en la experiencia de amor.

En *Mirada retrospectiva,* Lou distingue tres etapas evolutivas en la poesía de Rilke:

1.- Una vacilación romántica ante lo real

2.- La confianza en lo real

3.- La entrega a lo real y su cumplimiento poético en la palabra.

De modo similar, escribe Antonio Pau: "A lo largo de la obra de Rilke se pueden distinguir tres etapas: la primera romántica, la segunda objetiva y la tercera oracular, más misteriosa. "

5.1. La vacilación romántica ante lo real

De entrada, debemos observar que aquí Lou evidencia una laguna en su conocimiento del romanticismo. Lo equipara, como suele hacerlo el vulgo, con un sentimentalismo edulcorado. El mismo Rilke se ve obligado a distanciarse de su poesía temprana como siendo un tanto nebulosa.

Una concepción más acertada del alma romántica la encontramos en la *Fenomenología del espíritu* de Hegel, bajo la configuración del "alma bella".[182] Implica una superación de la presunta omnipotencia del sujeto de la modernidad, centrado en el *ego cogito*. El romántico descubre en sí mismo un abismo interior, el infinito que es Dios como fuerza creadora. A la luz de esta energía creadora se constituye una *comunidad* de reconocimiento de la excelencia del otro, que se traduce en ponderarla en

---

[182] Cf. Hegel, G. W.F. ([6]1952), 460 ss.

el buen decir acerca del otro, o sea, en lenguaje de bendición. El *yo* es trascendido en el *nosotros*. Por el momento se trata de núcleos reducidos, que custodian sus respectivas soledades: son comunidades de monjes, de poetas y de pensadores relacionados por el *symphilein*.

5.2.La etapa objetiva o de confianza en lo real

El cambio se produce primordialmente por la influencia de Lou, pero también la de Auguste Rodin (1840-1917) y el impacto que sobre Rilke ejerció la exposición de 1907 en París de las pinturas de Paul Cézanne (1839-1906), al cumplirse el aniversario de su muerte.

La segunda etapa, caracterizada por los poemas-cosa está representada por los *Nuevos poemas (Neue Gedichte*, 1906/7). De alguna manera se percibe a todas las cosas como "bellas", "agradecidas", "nobles". En este contexto hay un intento de dignificación de los pobres: "son tan silenciosos que ya se equiparan con las cosas." Es el artista que así las pone de relieve con gran empeño. Auguste Rodin le confiesa a Rilke -quien fuera su secretario por tres años- la clave: *"Il faut travailler, travailler, travailler."* El mismo Paul Cézanne muestra cómo hasta las cosas más sencillas, unas manzanas, un lienzo, una botella de vino, son obligadas a irradiar belleza.[183] Y ni que hablar del trabajo de zapa, realizado por Charles Baudelaire (1821-1867), para cantarle a *Las flores del mal*. En una carta a su mujer Clara, del 13 de octubre de 1907, le confiesa Rilke que es en especial la lectura del poema "Una carroña" de Baudelaire, la que lo

---

[183] Cf. Pau, A. (⁴2019), 180.

indujo a travesías insospechadas linderas a lo feo y hasta repugnante. Así es como Rilke arriba a la conclusión que nada de lo que es deja de ser valioso.[184] De esta manera se abandonan las expectativas "a cambio de lo real."[185] Cosa aún superior es ahora el poema y, sobre todas, está la cosa de las cosas (*Ding der Dinge*) o Dios, construido con lo más dulce de ellas, según el símil de las abejas.[186] Es la misión de la conciencia puramente terrenal y feliz. No es una felicidad diferida al Más Allá. Ella surge en la tarea de comprensión y transformación. "Sí, porque nuestra tarea es imprimir en nosotros esta tierra transitoria y caduca, y hacerlo de un modo tan profundo, tan doloroso y apasionado, que su esencia vuelva a resucitar en nosotros 'invisiblemente'." Pero no se trata de las cosas vacías de consumo, o "pseudocosas, trampas de la vida" que nos llegan de América (Estados Unidos), sino de las cosas con valor humano y relacionadas con los lares, las divinidades del hogar.[187]

6. *Tras las huellas del Dios perdido*

Sea cual fuere la respectiva denominación de la escritura rilkeana, su trasfondo es la búsqueda de Dios, impulso que comparte con Lou Andreas-Salomé. Es una búsqueda de lo oculto en lo manifiesto. Parte del dolor de la pérdida de Dios, de su silencio, de su retirada, de su ausencia y hasta de su muerte.

---

[184] Cf. *Ibidem.*, 193.

[185] Rilke, R M. (s.f.), 44.

[186] Cf. Pau, A. (^{4}2019), 122.

[187] Carta de Rilke a su traductor y editor polaco Witold Hulewicz (1895-1941), de 13 de noviembre de 1925, citada por Pau, *op.cit.*, 436.

Todo el siglo XIX evidencia este declinar de la presencia de Dios. Si bien la forma más dramática se encuentra en el § 125 de la *Ciencia jovial* de Nietzsche, ya Hegel en la obra juvenil *Fe y saber* nos habla de la muerte de Dios y se refiere al sentimiento de la época, expresado ya en el siglo XVII en la frase de Blas Pascal: "La naturaleza es tal que *marca* por todas partes un *Dios perdido* y en el hombre y fuera del hombre."[188] Pero también el fracaso del pensamiento dogmático y de la religión natural obligan al filósofo a testimoniar el "dolor infinito" de que "Dios mismo está muerto". Se trata del Dios de los filósofos. Hegel discute en esa ocasión con Kant (1724-1804), Jacobi (1743-1819) y Fichte (1762-1814), porque -según él- ellos no acertaron en ver lo finito como momento de lo infinito en una totalidad. Fueron incapaces de asumir el "sufrimiento absoluto" o el viernes santo especulativo (*das absolute Leiden oder den spekulativen Charfreitag*) y resucitar en la más jovial libertad.[189] En el capítulo VII de *La fenomenología del espíritu* acusa el gran dolor de la muerte de Dios. Este dolor persiste en la "conciencia desgraciada" que sabe lo esencial todavía fuera de sí. Es una conciencia quebrada en un mundo quebrado. Se supera en el saber absoluto o en el espíritu que se sabe *a sí mismo*.[190] Ya en el prólogo de la *Fenomenología del espíritu* Hegel había afirmado que el Absoluto es tanto sustancia como sujeto, es decir, *espíritu*. Y es propio de la vida del espíritu soportar la

---

[188] "[…] La nature est telle qu'elle *marque* partout un *Dieu perdu* et dans l'homme et hors de l'homme ». Cit. por Hegel, G. W. F., (1962), 123 s.

[189] Cf. *Ibidem*.

[190] Cf. Hegel, G.W. F. (^{6}1952), 162 ss.

muerte en sí y resucitar.[191] Con ello se señala una inflexión insoslayable en la historia que da nacimiento a una nueva época que todavía es la nuestra. Se asemeja a aquella otra que tuvo lugar en la Antigüedad y encontró su expresión más condensada en la frase: "El Gran Pan ha muerto". [192] Se describe "la derrota de Pan en el *agón*

---

[191] Cf. *Ibid.*, 24 y 29.

[192] Plutarco de Queronea, *De defectu oraculorum*, cap. 17, 419 a-e: "La muerte del Gran Pan" (cap. 17, 419 b-d):

"Acerca de la muerte de tales seres, escuché el relato de un hombre ni loco ni fanfarrón. Era Epitherses, padre del orador Emiliano, de quien han escuchado lecciones también algunos de nosotros, conciudadano mío y profesor de letras. Dijo éste que cierta vez, al viajar a Italia, se embarcó en una nave que transportaba mercadería y abundantes pasajeros. Ya al atardecer en las cercanías de las islas Equinades cesó el viento y la nave fue llevada cerca de Paxos. La mayoría estaba despierta, y muchos bebían sin haber terminado la cena. De pronto se escuchó una voz desde la isla de Paxos que nombraba a cierto Thamús con un grito y la consiguiente admiración. Este Thamús era un piloto egipcio no conocido de nombre por muchos de los pasajeros. Dos veces calló a pesar de haber escuchado, a la tercera prestó oídos al que lo llamaba. Éste levantando la voz dijo: 'Cuando llegues frente a Palodes, anuncia que el Gran Pan ha muerto'." "Al escuchar esto, dijo Epitherses, todos se sorprendieron y discutieron entre ellos si era mejor hacer lo ordenado o no entrometerse, dejando pasar el asunto, y de ese modo opinó Thamús, que si hubiera viento costearían manteniendo la tranquilidad, pero si cesara el viento y hubiera calma en ese lugar anunciaría lo escuchado. Frente a Palodes así ocurrió, que al no existir viento ni oleaje, Thamús mirando desde la proa hacia tierra, dijo, tal como escuchó, que el Gran Pan había muerto. No había él terminado cuando hubo un gran gemido, no de un solo hombre sino de muchos, mezclado con gritos de admiración. Como muchos estaban presentes, pronto el relato se difundió en Roma y Thamús fue enviado a buscar por el emperador Tiberio, y de tal modo creyó Tiberio en el relato, como para que se averigüe e investigue sobre Pan. Los numerosos filólogos que lo rodeaban conjeturaron que era poético de la IV *Égloga* de Virgilio; allí el dios theriomórfico reconoce su propia limitación y la necesidad de un *deus* superior para la Arcadia [...] y acepta la primacía de Daphnis (*Eg*.V) como nueva divinidad pastoril, tutora de la Arcadia."[193]

A Rilke y a Lou les toca poetizar y pensar en este contexto. Las sensibles antenas del poeta captan la señal de un Dios que se manifiesta al modo de la huella: una presencia de la ausencia. Así lo testimonia la última estrofa del soneto XXVI de *Sonetos a Orfeo*:

"¡Oh dios que hemos perdido! ¡Oh tú huella infinita!
Porque la hostilidad te dispersó en pedazos,
Somos boca y oídos de la naturaleza."[194]

Como se aclara más adelante, la pérdida de Dios no es obra nuestra como su asesinato en el aludido texto de Nietzsche. Más bien somos nosotros los perdidos por Él.

Lou y Rilke comparten con el personaje del loco en Nietzsche esa condición de buscadores de Dios.

---

el hijo de Hermes y Penélope. Y Philippo [el historiador del caso] tenía incluso algunos testigos entre los presentes que lo habían escuchado de Emiliano en su vejez."

[193] María Delia Buisel de Sequeiros, " 'El Gran Pan ha muerto'. De Plutarco a las exégesis modernas", (1998) 7 (7); 83 s.

[194] Rilke, Rainer Maria, Soneto XXVI, I parte, trad. Jesús Munárriz. *"Oh du verlorener Gott! Du unendliche Spur!/ Nur weil dich reißend zuletzt die Feindschaft verteilte,/sind wir die Hörende jetzt und ein Mund der Natur ."Duineser Elegien. Die Sonette an Orpheus,* (^{4}1980), 67.

En Lou Andreas Salomé el horizonte es la religiosidad cultural rusa. El *ícono* marca una posibilidad artístico-devocional de reencuentro con Dios. A diferencia del *ídolo* que intenta encerrar a Dios en un ente, el *ícono* activa en el acto de creación el trascender hacia el vínculo con Dios. De modo tal que el único venerado sea Dios mismo y no su representación. Recuerda Lou su diálogo infantil cotidiano con Dios, que acaba con el episodio del shock del *silencio de Dios* cuando más lo necesitaba. Necesitaba su explicación cuando la golpeó la transitoriedad con la desaparición de los muñecos de nieve. Hendrik Gillot (1836-1916), su maestro y el de los hijos del Zar, la rescata de esta temprana angustia al mostrarle la reconciliación entre ciencia y religión. Será profético el primer libro de Lou "*En lucha con Dios*". Ya en este título se destaca un rasgo de su carácter: prevalece la autoafirmación.

Nuestra primera vivencia es, curiosamente, una negación. Momentos antes lo éramos todo, éramos indivisos, como alguna especie de ser inseparable de nosotros, y de pronto nos hemos visto empujados a nacer, nos hemos convertido en una partícula sobrante que tendrá que esforzarse, en adelante, para no caer en disminuciones cada vez mayores, para afirmarse en el mundo antagónico que se abre cada vez más ante sí, en el mundo al cual cayó, desde su total plenitud, como a un vacío que —por lo pronto— la despoja. (2018, 5).

Como marca de su infancia señala Lou el pasar del regazo del padre al "regazo de Dios": "los dos padres ensamblados en uno; calor del regazo materno y omnipotencia paterna. Separarlos y distinguirlos, como esferas del amor y del poder, es ya una tremenda ruptura en el bienestar premundano y sin deseos, por así decirlo." (2018, 7).

La pérdida de Dios acontece para Lou a consecuencia del silencio de Dios ante el enigma de la *transitoriedad* (de la pareja de nieve). Encontramos aquí un nuevo punto de coincidencia con la concepción de Rilke. Lejos de la omnipotencia del sujeto moderno que se cree en condiciones de matar a Dios, Lou sostiene que es Dios quien la dejó caer, así como Rilke sostendrá que no somos nosotros quienes lo perdimos, sino que fuimos perdidos por Él. Ambos testimonian de la receptividad como apertura de la nueva subjetividad. Dirá Lou: "Pues no solamente *de mí* desapareció el Dios que había estado pintado sobre la cortina, sino que desapareció *del todo,* para el universo entero."[195]

Sobrevive *"una sensación fundamental de in-conmensurable comunidad de destino con todo lo que es,* que se despertó entonces oscuramente y no dejó ya nunca de traspasarlo todo."[196]. Es ese "sentimiento oceánico" al que hacen referencia Sigmund Freud o la "religiosidad cósmica" expuesta por Albert Einstein en su obra *Mi visión del mundo* (*Mein Weltbild*, 1934):

---

[195] Andreas-Salomé, L. (2018), 19.
[196] *Ibid.,* 29.

Lo que iguala a todas estas religiones es el carácter antropomórfico que atribuyen a Dios. Es un estadio de la experiencia religiosa que solo intentan superar ciertas sociedades y ciertos individuos particularmente dotados. En todas se encuentra un tercer grado de experiencia religiosa, aunque casi nunca esté tampoco en estado puro. Es la llamada Religiosidad Cósmica, difícil de comprender pues de ella no surge un concepto antropomórfico de Dios.

El individuo siente la futilidad de los deseos y las metas humanas, del sublime y maravilloso orden que se manifiesta tanto en la Naturaleza, como en el mundo de las ideas. Ese orden lleva a sentir la existencia individual como una especie de prisión, y conduce al deseo de experimentar la totalidad del ser como un todo razonante y unitario.[197]

A su vez Freud, en *El malestar en la cultura* (1930) intenta refutar el así llamado "sentimiento oceánico" de su amigo Romain Rolland (1866-1944), en los siguientes términos:

Uno de estos hombres excepcionales se declara en sus cartas amigo mío. Habiéndole enviado yo mi pequeño trabajo que trata de la religión como una ilusión, me respondió que compartía sin reserva mi juicio sobre la religión, pero lamentaba que yo no hubiera concedido su justo valor a la fuente última de la religiosidad. Esta residiría, según su criterio, en un sentimiento particular que jamás habría dejado de percibir, que muchas personas le habrían

---

[197] Einstein, A. e Pub base r1.2,

confirmado y cuya existencia podría suponer en millones de seres humanos; un sentimiento que le agradaría designar «sensación de eternidad»; un sentimiento como de algo sin límites ni barreras, en cierto modo «oceánico». [198]

La misma Lou Andreas-Salomé, discípula admirada de Freud, señala que -para ella- éste es un punto ciego de Freud, quien ve en tal sentimiento sólo el principio "Nirvana" y no el suelo fecundo y la energía primordial de la creatividad en el proceso de sublimación. Según Lou, en *El porvenir de una ilusión*, comete Freud el error de tachar de *primitivo* lo que es *primordial*. Desecha así el anclaje no sólo de la religiosidad, sino de la cultura misma. Es por lo cual participa en una ponencia de Víctor Tausk (1879-1919), para el Congreso Psicoanalítico de München sobre el narcisismo como concepto-límite que implica una primigenia y creativa interpenetración entre el yo y la libido. Éste será también el germen de la obra de Lou *El narcisismo de doble dirección*.[199] Según Freud, se trata de un sentimiento del recién nacido, pero una "represión originaria" obstaculiza el contacto con lo "oceánico". En el adulto es el anhelo inconsciente de regresar al útero materno.

---

[198] Freud, S., *El malestar en la cultura*, http://www.librodot.com, 2.
[199] Cf. Decker, K. (⁶2020), 284. Remite a una cita del libro de Lou Andreas-Salomé *In der Schule bei Freud* (*En la escuela de Freud*).

La búsqueda de Rainer María Rilke sigue otras huellas. La temprana devoción a María parte de la educación católica materna (Leonardo da Vinci: "La Virgen, el Niño Jesús y Santa Ana: el Niño abraza el cordero, la Virgen trata de retenerlo). Es el anuncio de una religiosidad que asume el sufrimiento. Cobran importancia los festejos de Navidad con fuerte presencia de los ángeles. Son acontecimientos de la presencia de Dios. Ésta "no puede perderse como si fuera una piedrecilla". Por esa relación con el Nacimiento, el Dios de Rilke será siempre el Dios venidero, futuro.[200]

Ya en *Frühe Gedichte* (*Poesías tempranas*) hay todo un apartado dedicado "Cantos a los ángeles". Son los ángeles de la infancia, que emprenden la retirada con el crecimiento del niño. Esta separación trae un doble aprendizaje: para los ángeles el volar (*Schweben*), para Rilke el vivir (*Leben*), con sus respectivos ámbitos: el cielo y la tierra.

En *El libro de horas* (1899-1903) los ángeles son los enviados de Dios en los tiempos de cosecha; recogen a los muertos, estén verdes o maduros.[201] En él se aborda la cuestión de la *muerte propia*, contrapuesta a la muerte anónima y en masa de las grandes ciudades. Este motivo fue de gran impacto en la tematización heideggeriana de la muerte como la posibilidad más señera del *Dasein* y expresión de la más radical libertad, la *libertad para la muerte*.[202]

---

[200] Rilke, R. M. (1985), 23: "*er lernte das Schweben, ich lernte das Leben*".
[201] Rilke, R. M. (1955), I, 347 s.
[202] Cf. Heidegger, M. (⁹1960), § 53, 263-266.

La figura de Dios se perfila como superior a los ángeles. Tanto en esa época temprana como en la tardía de *Los sonetos a Orfeo* (1922), Dios es invocado como el "Señor". Si atendemos a la sexta de las *Cartas a un joven poeta*, Dios se va gestando en el espacio interior cósmico (*Weltinnenraum*) en un proceso evolutivo del cual participamos. La diferencia no la piensa Rilke apelando a lo trascendente, la radica más bien en el misterio del dolor y de la muerte que afecta a los humanos, hasta que se cumpla la reconciliación en el misterio sublime del amor.

En la carta sexta al joven poeta Franz Xaver Kappus (1883-1966), escribe Rilke contra una supuesta pérdida de Dios –alguna vez presente en la infancia-, porque es presuntuoso que creamos poder "perderlo como una piedrecilla", "quien lo tuviera podría ser perdido sólo por Él". Rilke no nos habla de un Dios pretérito, sino del *Dios Venidero*, en consonancia con la "nueva mitología" de los románticos, porque los *tiempos dorados* ya no son los de una Arcadia primigenia, sino que están *por venir*.[203]

> ¿Por qué no piensa que Él es el Venidero, el que desde la eternidad está por llegar; que es lo futuro, el fruto último de un árbol cuyas hojas somos? ¿Qué le impide proyectar Su nacimiento a los tiempos que serán y vivir su vida propia como un día doloroso y hermoso en la historia de una sublime preñez? ¿Usted no ve, pues, como todo lo que sucede [*ereignet*: acontece] es siempre un comienzo; y no podría ser ello Su comienzo, ya que comenzar, en sí, es siempre tan hermoso? Si Él es el más perfecto, ¿no debe *preexistir* algo inferior para que Él pueda

---

[203] Cf. para el tema de la "nueva mitología" a Frank, Manfred. (1994).

escogerse entre la plenitud y la profusión? ¿No debe ser el Último, para abarcarlo todo en sí; y qué sentido tendríamos nosotros si Aquel a quien anhelamos ya hubiese existido?[204]

Dios ya no es trascendente, sino inmanente a la profundidad de la tierra. Es el fundamento de la vida, la fuerza y el movimiento elemental que pulsa en el devenir.

Dios no *es*, sino que *deviene*. Su devenir es inseparable del devenir de cada hombre. Con razón dice Manfred Engel (1953-) se trata de una *religiosidad* que incluye la libertad del hombre y el festejo de la vida.[205] Es un descubrimiento del corazón que hacen superfluas las poco convincentes pruebas racionales de su existencia.

Ante todo, el empeño de Rilke apunta a hierofanías "puras", anuncio de lo invisible en la huella de Dios, los ángeles como símbolos de transformación de lo visible en invisible. Sin embargo, no menosprecia algunas mediaciones surgidas desde la infancia, la religiosidad popular (sobre todo la rusa) y, como culminación, gracias al *arte*.

Podríamos llamarlas "hierofanías encarnadas". Hemos identificado al dios-pastor, al dios-escultor, al dios-violinista. Así en el tercero de los *Poemas españoles*, entra en escena el *dios-pastor*. Rilke, energizado con la experiencia toledana, marca -en contraste con la ruidosa muchedumbre de la ciudad- la dignidad del *pastor*:

Lento el paso, no leve, el cuerpo pensativo,
señorial, se detiene. Y si un dios tomara

---

[204] Rilke, R. M. (1975), 79 s.
[205] Engel, M. (³2009), s.v. "Rilke".

secretamente su figura, no se reduciría.[206]

A esta humildad de la hierofanía, le siguen las figuras ya relacionadas con el arte. El *dios-escultor* nace de la relación de Rilke con Rodin y su casamiento con la discípula de Rodin, Clara Westerhoff, perteneciente a la colonia artística de Worpswede. En *El libro de las imágenes*, cuando los ángeles despliegan sus alas despiertan el viento, "como si Dios hojeara con sus amplias manos de escultor las páginas en el oscuro libro de los comienzos."[207] Quizás por eso -en *Historias del Buen Dios*- elija Rilke a Miguel Ángel como interlocutor, para pedirle que lo libere de su cielo de piedra.

Como un hito más en dirección de lo invisible -y gracias a la revelación de la música- Rilke descubre el *dios-violinista*. Hay una vibración cósmica que es correspondida por las vibraciones del espacio interior cósmico (*Weltinnenraum*). En los *Nuevos poemas* (*Neue Gedichte*), en el poema "Canción de amor", se pregunta el poeta:

¿En qué instrumento estamos los dos tensos?
¿Qué violinista nos tiene entre sus manos?
Oh canción dulce.[208]

---

[206] Cita y traducción de Antonio Pau, *op.cit.*, 276. "*Noch immer dürfte ein Gott/ heimlich in diese Gestalt und würde nicht minder.* "*Ibid.*, 278.

[207] Rilke, R. M. (2000), 20 s.: "Nur wenn sie ihre Flügel breiten,/ sind sie die Wecker eines Winds:/als ginge Gott mit seinen weiten/ Bildhauerhänden durch die Seiten /im dunklen Buch des Anbeginns."

[208] Cita y traducción de A. Pau, *op. cit.*, 128. "*Auf welches Instrument sind wir gespannt? / Und welcher Geiger hat uns in der Hand? O süsses Lied.*" Rilke, R.M. (1974), 12.

No podía faltar el *dios-poeta*, que Rilke encontró en la figura de Orfeo y a quien le dedicara en 1922 sus espléndidos *Sonetos a Orfeo*. En el universo diferenciado entre la tierra habitada por los hombres y el cielo poblado de ángeles, Orfeo oficia de *centro relacionante*.[209]

Fue Gabriel Marcel quien recuperó la "hierofanía pura" cuando vio que -en definitiva- para Rilke "Dios no era más que una dirección dada al amor."[210] Se trata de una íntima dirección del corazón. Con ello recupera su originaria relación con Dios. Es la traza que va desde un dios oscuro[211] y escondido al *dios que canta*. Esto explica también el cambio de tono de sus *Elegías de Duino*: del lamento inicial lanzado como grito de la Primera y Segunda Elegía hasta la alabanza en forma de himno que culmina en la Novena y Décima Elegía.

6.2. Lo común de ambas perspectivas

Tanto Rilke como Lou hacen su propuesta al margen de las respectivas instituciones eclesiales endurecidas. Recordemos la imagen del poeta de un Dios prisionero en un cielo de piedra. Cultivan la disposición para un encuentro cercano con Dios, sin intermediarios, tal como lo tuvieron en el paraíso perdido, pero recuperable, de la infancia.

---

[209] Cf. Pau, A. (⁴2019), 440.

[210] Cf. Pau, A. *op.cit.*, 69. Es la tajante aseveración de Rilke en *Los cuadernos de Malte* (s.f.), 150.

[211] Cf. Wendt, G. (⁵2020), 126. La autora cita la carta de Lou a Rilke del 26 de febrero de 1901, en la que exhorta al poeta a continuar su camino al encuentro de su "Dios oscuro". Posiblemente sea la referencia a su destino.

Comparando ambas experiencias de la *relación con Dios*, resulta patente que se basan en el primer amor: el amor al padre de Lou y el amor -si bien problemático- a la madre de Rilke. Dios es, entonces, la huella impresa en la infancia. Esto parece confirmar la concepción de San Juan: "Dios es Amor".[212] Como tal es contrapuesto al temor y al castigo.

Contrariamente a la convicción común, tanto para Rilke como para Lou no somos nosotros quienes hemos perdido a Dios, es Dios quien nos deja caer. En los *Cuentos del buen Dios*, hay un relato rilkeano en el que Dios está formando con la mano derecha la cara del hombre, mientras la izquierda -encargada de sostener la escultura- lo deja caer. Es el comienzo de un alejamiento que es también extrañamiento. Será la palabra poética la que trate de recuperar la vecindad con lo divino.

Lou, proyectada autobiográficamente en el personaje de Kuno en *La lucha con Dios*, espera que la mano de Dios se pose en gesto de bendición sobre su frente afiebrada, que la voz de Dios le susurre su cercanía amorosa. Pero llega a sentir que no hay tal mano ni tal voz. De esta manera pierde su paraíso junto con la infancia. Y comienza la lucha por las posibles explicaciones con creciente protagonismo de la razón.[213]

En ambos, Rilke y Lou, trasluce una filosofía de la unidad cósmica en la que la vida teje enigmáticas alianzas con el sufrimiento y la muerte. Ya mencionamos el conmovedor "Canto a la vida" de Lou. Lo sagrado mismo tiene como lugar de manifestación esta vida omni-

---

[212] 1 Juan 4:18. "El temor no tiene lugar en el amor, sino que el amor pleno ahuyenta el temor. Lo amamos, porque Él nos amó primero."
[213] Cf. Decker, K. *op. cit.*, 121.

englobante. Y ella es el humus en que arraiga el amor que incentiva la creatividad. Lou parece ahora más cercana a Jung cuando concibe al inconsciente no como lugar de los desechos de la represión, sino como el magma del fuego creador.

Según veremos, Rilke poetizará hierofanías varias en beneficio del Dios venidero. En todas prevalece la *relación* como clave cósmica:

Es de destacar el sentido de fuerza de tracción y atracción que la palabra "*Beziehung*" posee en alemán. Allí donde los hombres distinguimos tajantemente, levantamos muros y fronteras, hay en verdad conexiones que se interpenetran, potencian y amplían. Coincido con Heidegger que no se trata de una "mera relación" o de una relación cualquiera, sino que: "La gravedad de las fuerzas puras, el medio (*Mitte*) inaudito, la relación pura, la relación total, la naturaleza plena, la vida, el riesgo (*Wagnis*) son lo mismo (*das Selbe*)."[214]

La "naturaleza plena" se manifiesta preferentemente como *primavera* (Boticelli).

La tarea, sufriente y apasionada, es para el hombre ayudar a esta tierra provisional y caduca a su resurrección en lo invisible, previa conversión al "espacio interior cósmico" (*Weltinnenraum*). Es como el contrapunto de los espacios metafísicos de la estepa rusa, del rocoso espacio que circunda a Toledo y -por qué no- de la pampa argentina, destinados a espejar el espacio interior cósmico.

---

[214] Heidegger, M. (²1952), 261. "*Die Schwerkraft der reinen Kräfte, die unerhörte Mitte, der reine Bezug, der ganze Bezug, die volle Natur, das Leben, das Wagnis sind das Selbe.*" [Trad. M. G. Rebok]

La *tierra* como lugar de reencuentro con el *Dios viviente*. Ambos resguardan el misterio de la sobreabundancia, del exceso, y lo exponen en la primavera. En ella ya están actuando las fuerzas que -atendiendo el clamor de la tierra- transforman lo visible en invisible. Los ángeles simbolizan esta posibilidad transmutante.

Si bien todos los vivientes somos arriesgados por el riesgo de lo Abierto como entramado de relaciones puras, nosotros, los hombres, somos los, por un soplo, más arriesgados. Estamos siempre a punto de perder nuestra "patria primera" en la feria del mundo y sus quehaceres distanciantes.

Por cierto, algunas experiencias infantiles como el perdernos y entregarnos en el juego o el pleno perderse de los amantes uno en el otro, nos sugieren todavía esta condición, pero no la alcanzamos plenamente antes de transponer el umbral de la muerte. Ya podemos advertir el asomarse de lo Abierto en la mirada exorbitada del moribundo. Mientras tanto vivimos por la mitad una vida que se horroriza ante la sola mención de la muerte y una muerte que no logra restituir su relación con la vida, que permanece ajena e impropia.

Haciendo referencia al altruismo de Malwida von Meysenbug, quien empleara con frecuencia la fórmula *"wir"* (nosotros) referida a lo que había o no había que hacer, Lou confiesa que el "nosotros" le es extraño, que -para ella- sólo cuenta el *"ich"* (yo).[215]

Por ello cosechó juicios como "egoísmo" y hasta "vampirismo". Sin embargo, ese "nosotros" lo encontró ella misma, según confiesa, en la experiencia del amor a Rilke. Es que el *amor* es el hogar y huésped del

---

[215] Andreas- Salomé, L. (2018), 86.

"nosotros". Sólo cabe lamentar la brevedad que tuvo su forma inicial para Lou. Sin duda sobrevivió en esa otra figura del amor que es la amistad.

Volviendo a las etapas de la creatividad rilkeana, cabe señalar que el poeta supera la primera etapa gracias en parte a la crítica de Lou al sentimentalismo y a su comprensión un tanto vulgar del romanticismo. Pero es sobre todo Auguste Rodin (1840-1917) -de quien Rilke fuera secretario privado durante 4 años- quien con su lema: "Hay que trabajar, hay que trabajar, hay que trabajar", lo conecta con lo real. En la escultura "La mano de Dios", también llamada "La creación" puede verse un trozo de naturaleza en la piedra aún sin esculpir, a la izquierda la pareja humana y su historia, ambas naturaleza e historia sostenidas y resguardadas por la mano de Dios. La epifanía del *Dios-escultor* viene motivada también por el casamiento de Rilke en 1901 con la escultora de la colonia artística de Worpswede, Clara Westhoff, discípula de Rodin. La comunicación entre las artes, asignada por el fundamental "arte de vivir", le permite a Rilke una transposición poética del motivo de la "mano de Dios" en el magnífico poema "Herbst (Otoño) de *El libro de las imágenes*" ("*Das Buch der Bilder*") de 1902:

Las hojas caen como si se marchitaran
en los lejanos jardines del cielo:
caen haciendo un ademán de negación.

Y en las noches cae la grávida tierra
fuera de todas las estrellas, en la soledad.[desde las estrellas en la soledad]

Todos caemos. Esta mano cae.

Y mira a los otros: la caída está en todos.

Y, sin embargo, hay uno
que recoge suavemente, sin fin, todas esas caídas en
sus manos.

En el original:
Herbstgedicht

Die Blätter fallen, fallen wie von weit,
Als welkten in den Himmeln ferne Gärten;
Sie fallen mit verneinender Gebärde.

Und in den Nächten fällt die schwere Erde
Aus allen Sternen in die Einsamkeit.

Wir alle fallen. Diese Hand da fällt.
Und sieh dir andre an: es ist in allen.
Und doch ist Einer, welcher dieses Fallen
Unendlich sanft in seinen Händen hält.[216]

Rainer Maria Rilke*, Das Buch der Bilder*

Según señala en el epílogo Manfred Engel, *El libro de las imágenes* se encuentra en el intervalo de la poesía temprana y la media, caracterizada por el abandono de la exclusividad de la *vida bella*, incorporando hasta lo feo, lo disonante, lo extraño que implica una salida de la mera interioridad para detenerse en la superficie de las cosas exteriores. Había captado un gesto paradigmático en su

---

[216] Rilke, R. M. (2000), 40.

mujer escultora, Clara, al proceder al acabamiento de sus esculturas.

Tras descubrir -en especial después de su viaje a Rusia- el misterio que habita las por él llamadas "cosas rusas", lo replica en la palabra poética. Para Rilke, la poesía es tanto el resultado como el origen de una experiencia de amor.

El primer viaje a Rusia, respondiendo a una invitación de Lou, lo hace Rilke en 1899 como acompañante de Lou y su marido Andreas. Incluía como referencia central una visita a Tolstoi. El escritor los recibe en Moscú pocos días antes de la Pascua rusa. Se muestra sobre todo interesado por los estudios persas de Andreas, a Rilke lo pasa por alto y no le admite a Lou la posibilidad de armonizar los logros del pensamiento con la religión. Más todavía, está convencido de que la religión popular es supersticiosa y les aconseja mantenerse lejos de los festejos pascuales. Sin embargo, ellos desoyen a Tolstoi y participan como observadores interesados en los festejos. Para Rilke, será la Pascua decisiva, la "única" según le escribirá a Lou desde otra Pascua en Roma que, comparada con aquella, le sabía más a una representación teatral. Permaneció en Roma desde septiembre de 1903 hasta junio de 1904.

La ciudad, supuestamente santa, lo decepciona. En Roma no encuentra la Roma de los peregrinos que todavía resuena en el *Parsival* de Wagner. De allí lo arranca un telegrama de Rodin a principios de 1905 invitándolo a vivir con él en París. Esta ciudad tan temida que le inspirara la tragedia humana expuesta en *Los cuadernos de Malte Laurids Brigge*, publicada en 1910, escritura de la que se considera un verdadero superviviente, según le confesara en una carta a Lou.

Rilke y Lou harán un segundo viaje a Rusia en 1900. Esta vez solos. La amiga, Sofja Schill, versada en pedagogía y ciencias sociales será su nexo en Moscú. Ella los conecta con el poeta campesino Spiridon Droshin, quien en verano es campesino y en invierno poeta. Responde a la imagen romantizada que ambos tienen de encontrar en la sencillez la profundidad y el misterio. El ensayo de Lou Andreas -Salomé "Poesía y arte rusos", publicado en el periódico *"Cosmópolis"* en 1897, les sirve de alguna manera de guía para comprender la cultura rusa como alternativa a la de Occidente. Se trata de fluidificar las formas demasiado rígidas y congeladas del arte y de la cultura occidental. Se le contrapone el sentido del pueblo ruso para la música y la poesía, "su convivir con el todo de la naturaleza, una inmediatez infantil de hombre a hombre… la alegría en estados de ebriedad… la alegría respecto del cambio junto a la necesidad de quietud contemplativa y hondo silencio del alma".[217] En *Im Kampf um Gott* (*En la lucha en torno a Dios*) de 1885, Lou había contrapuesto la mentalidad rusa al mundo en el que predominan el comerciante y los hombres del placer. Occidente tiene por cierto una organización racional con una simultánea trivialidad que indica la pérdida de la intensidad vital. Impregnado de un pensar materialista, se topa con callejones sin salida. Sus hombres se enmarañan y estancan -como los malos oradores- en puras oraciones subordinadas, porque les falta el impulso de ponerse en claro respecto de sí mismos, de sostener la oración principal para acceder a su sentido.[218] A Rilke le sorprendió encontrar en Rusia la realización de un

---

[217] Cit. por Wendt, G. (^{5}2020), 109.
[218] Cf. *Ibid.*, 110.

temprano proyecto suyo, la poesía encarnada en un pueblo. En los festejos del centenario del nacimiento de Alexandr Pushkin (1899) participaba no sólo la élite de los ilustrados, sino también los campesinos, quienes -a pesar de ser analfabetas- sabían de memoria sus poesías.[219]

De regreso a Berlín, Rilke es poseso de un desbordante proceso creativo. Compone *El libro de horas* (*Das Stundenbuch*), que será publicado en 1905. El título evoca la sacralidad del tiempo, vivida por los monjes medievales en sus oraciones. Inductores fueron la devoción popular rusa y la visita a monasterios rupestres en Rusia.

Consta de tres partes:

1.- El libro de la vida monástica (*Das Buch vom mönchischen Leben*, 1899)

2.- El libro del peregrinaje (*Das Buch von der Pilgerschaft*, 1901)

3.- El libro de la pobreza y la muerte (*Das Buch von der Armut und vom Tode*, 1903)

Todo *El libro de horas* tiene como halo y atmósfera la experiencia rusa. Lou Andreas-Salomé se encarga de enfatizarlo -quizás hasta la exageración- en su *Buch des Gedenkens*, escrito a la muerte de Rilke como acto de piedad (*pietas*[220] en el sentido romano). Es innegable que el segundo viaje de 1900 a Rusia, con la

---

[219] Cf. *Ibid.*, 111.

[220] "*Pietas*" es, entre los romanos, la conmemoración cultual del difunto. Es usual sobre todo respecto de los miembros de la propia familia. Recordemos que Lou, antes del rol de madre había confesado una hermandad remota con Rainer María Rilke. Cf. cita en p. 130.

sola compañía de Lou, marcó un giro profundo tanto en la vida como en la obra de Rainer María Rilke. Este giro visibilizó la paradoja de una gran pérdida -la de la vida erótica con Lou- que redundó en una ganancia poética. Hasta entonces las relaciones amorosas de Rilke habían sido las disparadoras de la creatividad. Pero casi todas llegaban a un punto en que el Rilke comenzaba a sentir una dependencia amenazante para su misión de poeta. Era el momento en el que cortaba tal lazo. Lamentablemente este mismo modelo terminó afectando la relación con su mujer, Clara, y hasta con su propia hija Ruth. Tan es así, que no asistió al matrimonio de Ruth.

Lou siguió siendo la excepción en la vida del poeta. Y con Lou permaneció el paisaje y la devoción sencilla de su gente como un hito importante en la incansable búsqueda rilkeana del Dios vivo y venidero. Manfred Engel interpreta las tres partes de *El libro de horas* en los siguientes términos: un modelo mito-poético del mundo, lo aplica para superar la crisis existencial, pero los recursos premodernos de la experiencia rusa no alcanzan para hacer frente a la experiencia destructiva que se propaga en las megápolis con su materialismo y enajenación de la muerte propia.[221] La pobreza extrema que esto implica encontrará una más adecuada expresión en el hacer patente la ciudad-hospital, la ciudad-cementerio en *Los cuadernos de Malte Laurids Brigge* (1910).

Esta impronta rusa es muy fuerte en *El libro de horas*. En su exégesis, Lou no deja de subrayarlo. Relata a un Rilke dispuesto a ver el milagro de lo divino hasta en lo cotidiano. El cruce con cada campesino ruso le

---

[221] Cf. Engel, M. (³2009), 1-5.

generaba expectativas de señales de lo divino. No menos significativa fue la devoción pascual al Cristo resucitado, central en la religiosidad y el culto ortodoxos. Claro que recorrió el país con sus antenas de poeta, desplegadas al máximo, con el aditamento de sus estudios de la lengua y la historia rusa, vistas ante todo desde la peculiar perspectiva de Lou, convencida de la misión destacada de Rusia como contrapunto respecto del Occidente racionalizado, comercializado y hedonista. Pero no se agotaba en esta contraposición, porque veía hasta geográficamente la destinación de Rusia a ser la mediadora entre Occidente y Oriente. Rilke terminó siendo el converso de Lou. Y eso porque, según ella, le había sido regalada en Rusia la infancia y la patria originarias, de las que se sentía despojado.

Agrega agudamente Lou que entre las estrofas de *El libro de horas* se lee la lucha contra la desesperación, pero con un cambio radical de actitud: la lucha se convirtió en *oración*, en un sentido de entrega, de alabanza de los ángeles (*Buch de Gedenkens*). A esto se suma la confesión de parte de Rilke -en una carta del 15 de agosto de 1903-: "Pertenece a aquellas grandes y misteriosas seguridades, desde las cuales vivo, el hecho de que Rusia es mi patria." De alguna manera, esto viene a confirmar dos pretensiones de Rilke, difícilmente comprobables: la primera es su pertenencia a una estirpe de nobles, y la segunda su adscripción a la raza eslava.

Más aún, Rilke deposita en Rusia la esperanza de una *síntesis*, en lugar del enfrentamiento que deriva de la competencia por el poder de dominio. Ve al hombre ruso más sosegado, dejando pasar la historia humana para luego penetrar en la armonía de las cosas con un corazón que canta. También ve en el pueblo ruso a la poesía no separada sino encarnada en la vida. Ante estas posibilidades, Rilke siente en sí mismo una inclinación creciente hacia ese país anchuroso y sagrado.

Esto ya está claramente dicho en el registro de la *amistad* en el que había entrado su relación con Lou. A Lou debemos también una acertada caracterización de "lo que se conoce por el nombre común de «amistad» —en la medida en que también ésta, en lugar del ensamblamiento corpóreo, celebra y afirma su alianza en una tercera instancia: en un parejo fundamento de las inclinaciones, ya sean de naturaleza anímica, intelectual o práctica."[222]

También en este nivel de la amistad fiel y perdurable se sitúa el vínculo de Lou y Rilke, contrariamente a lo ocurrido con Nietzsche, con quien la ruptura fue un tanto violenta e irreparable. Con Freud y su hija Ana vuelve a darse esta honda relación que perdura hasta la muerte de Lou, acontecida en 1937, dos años antes de la de Freud (1939).

Retomando la relación de amistad con Lou, Rilke llegó a hablar de las "cosas rusas" cuando se trataba de develar el misterio oculto de la esencialidad de lo real. Frente a la extraversión casi alienante del hombre occidental, veía Rilke el triunfo de una interioridad con núcleo divino, cuya riqueza intentó llevar a la palabra.

Su creación poética, como la de los más grandes poetas, se vio imantada por lo inefable. De ahí su exploración tanto de las alturas como de los abismos, en caminos a veces tortuosos y siempre angustiantes[223], atravesando las tormentas y los rayos de Dios.

---

[222] Andreas-Salomé, L. (2018), 43.

[223] Nos parece fundamental aquí el concepto de la angustia en el libro homónimo de Kierkegaard en toda su ambigüedad de lo que atrae y de lo que, al mismo tiempo, se huye. De esa índole es la

Con *El libro de horas*, logra Rilke un reconocimiento decisivo y cada vez más creciente. Lou no permanece al margen de este reconocimiento. Ella da un paso decisivo, reconociendo desde su regreso de Königsberg a Göttingen, la dimensión sanadora de su poesía. En su figura concreta se cumple la concepción acerca del arte de Lou como "expresión de la huella del Todo, primitiva e inocente, encerrada en el fondo más profundo del artista."

Contextualicemos: la primera Guerra Mundial y la revolución bolchevique habían destruido a Rusia, su patria tan amada. Cuenta los horrores perpetrados por los gobernantes comunistas, a través de varios cambios, pero con el bajo continuo de la violencia desatada.
Considera que Rilke es el único a quien puede comunicar tal desgracia. En una carta fechada el 18 de enero de 1915 le escribe:

> "Pero *es* una *vida* siniestra… en este país que continuamente muere y renace [en el cual, debido a la desesperación por el hambre, los niños pequeños de los pueblos del Volga (¡*nuestros* pueblitos, Rainer!) huían hacia los bosques, para no ser comidos]."[224]

---

relación con lo numinoso. Debe diferenciarse del miedo frente a algo determinado. Este es el concepto filosófico, desarrollado también por Heidegger como aperturidad. Es un sentido muy distinto a ese cariz casi patológico que le da la psicología contemporánea.

[224] Cit. por Decker, K., *op.cit.*, 311. "*Aber Leben, ungeheures, ist…in diesem fortwährend sterbenden und wiedergeborenen Lande (worin während der Hungerverschweiflung die kleinen Kinder aus den Wolgadörfern (unsern Dörflein, Rainer!) fortliefen in die Wälder, um nicht gegessen zu werden)*".

Es el momento de la consoladora que requiere ser consolada. Ella reconoce haber llevado consigo a Königsberg escritos de Rilke y que su lectura fue el ancla de salvación.

Confirmando su experiencia, relata su constatación clínica en el trabajo con pacientes, quienes a consecuencia de su neurosis eran como muertos en vida. En ellos lo viviente -hombre, creatura, naturaleza- se había convertido en cosa carente de valor, en definitiva, basura; de lo cual surgían pesadas angustias, un amargo espanto [...] muertos entre lo muerto, sintiéndose fuera de sí en el vivo espanto. Siempre es diferente el punto en que esto comienza a disolverse. En una paciente, fue la contemplación de la naturaleza con su color y luz lo que le devolvió la alegría. Otros, en cambio, escucharon tu tono como el de la vida con gran conmoción, sin ser versados en poesía y ni siquiera en el arte. Lo que allí resonaba era la misma profundidad que hermana a los dotados como a los carentes de tales dones.

Hoy este método cuenta ya con varios adeptos, pero se nos antoja que Lou ha sido también en este punto una pionera.

Parece insólito que la obra de Rilke, concebida en profunda angustia, tenga efectos terapéuticos. Escuchemos al respecto el valioso testimonio de Lou:

"Por qué él, tan a menudo desorientado, quejoso, aparecía para muchos como consejero, auxiliador y hasta guía, sin el cual toda una comunidad se hubiera visto huérfana y carente de sostén; era porque hasta desde sus oquedades y los girones de su propio despedazamiento se develaba una grandiosidad interior que dispensaba coraje y fascinaba."[225]

Sospechamos que buena parte del éxito de *El libro de horas*, se debe también a lo impactante de su tercera parte, *El libro de la pobreza y de la muerte*. Allí el poeta se hace cargo de la angustia de los habitantes de las grandes ciudades, angustia que es también la suya. El comienzo relata lo *siniestro y alienante* de la vida en ellas. Intenta conjurar con nombres los huéspedes de la finitud: la vida y la muerte alienadas, las enfermedades, el envejecimiento en un horizonte de incontenible fugacidad. Pau advierte aquí "un retroceso a la etapa de un lirismo más subjetivo que el poeta había dejado atrás [...]. Aunque es cierto que la pobreza que aparece en los primeros versos con toda su sordidez queda trascendida en los últimos por la dignidad que el poeta le reconoce."[226]

Afirma Rilke, en un poema-oración dirigido a Dios, que "las grandes ciudades/ están perdidas y descompuestas", que los hombres viven mal, reducidos a la nuda existencia. Más aún "convierten a los hombres en desecho", los envejecen prematuramente y los encaminan a una muerte anónima en los hospitales, "en camas alineadas, después de una agonía en serie, mueren en masa día tras día."[227]

Porque lo que hace que la muerte sea extraña y difícil es que no es *nuestra* muerte: es la que

[225] Andreas-Salomé, L. (⁴2019), 62 s.
[226] Pau, A. *op. cit.*, 104.
[227] Cf. Pau, A. *op. cit.*, 106.

finalmente nos toma, sin que ninguno hayamos
madurado.

Viene una gran tormenta y nos arrebata a todos.[228]

Podemos ver en estos poemas iniciales una
anticipación de *Los cuadernos de Malte* (1910). A pesar
de ello, los poemas finales parecen entonar una
bienaventuranza de los pobres que fueron fieles a su
pobreza: "Es la casa del pobre lo mismo que un sagrario.
/ En ella se transforma lo eterno en alimento."[229]

Le pide a Dios una boca para defender a los pobres
y la encuentra en la figura de San Francisco de Asís, el
amante de la naturaleza. Con él la semilla estaría echada,
pero lamentablemente no se la ve brotar, crecer y
madurar.

No es de extrañar que estos escritos tuvieran
efectos terapéuticos en muchos de los afectados por la
pobreza, a su vez incrementada con las consecuencias
devastadoras de la Primera Guerra Mundial.

Sin embargo, Lou unirá a este salvataje poético el
científico que estaba inaugurando Sigmund Freud (1856-
1939).

7. *Lou Andreas-Salomé vincula a Rilke con Sigmund y Anna Freud*

Lou llegó a trabar una profunda amistad con Ana,
la hija de Freud. Lo evidencia la dedicatoria del libro
Rodinka: "A Anna Freud, para contarle lo que amé más
profundamente" (*An Anna Freud, ihr zu erzählen von*

---

[228] *Ibid.*, 106.
[229] *Ibidem.*

dem,was ich am tiefsten geliebt habe). Anna, como muchas mujeres de la época, ama con admiración la poesía de Rilke y está exultante al enterarse por medio de su padre que éste había conocido -por intermedio de Lou- al poeta. Corría el año 1913.[230] Cuando en Viena se festeja el cumpleaños de Anna, Lou le regala una copia de *Rodinka*.

En el Congreso Psicoanalítico de München, tiene lugar una muy movida discusión entre la Escuela de Viena, dirigida por Freud, y la Escuela de Zürich, capitaneada por Karl Gustav Jung (1875-1961). Esto pone al movimiento casi al borde del cisma. Viktor Emil von Gebsattel (1883-1976), con quien se analiza Clara, la mujer de Rilke, parece ser el único capaz de mantener la calma.

En este momento irrumpe Rilke en la reunión y asiste admirado a las variaciones de los discursos. Lou, si bien había mostrado interés por los diferentes enfoques, por ejemplo, el de Alfred Adler (1870-1937) y de Víctor Tausk (1879-1919), en esa oportunidad permanece sentada al lado de Freud, en señal de su inequívoca lealtad. Decide hacer las presentaciones de Rilke y Freud. El resultado inmediato es que pasaron Lou, Rilke y Freud el resto de la tarde juntos hasta bien entrada la noche. Comenta Decker: "Desde el punto de vista psicoanalítico, los poetas son muy interesantes. Vistos desde la perspectiva poética, lo son los correctores del alma. [...] Denominar lo inefable en lugar de encorsetarlo en conceptos, sólo lo logran los poetas, y, en este caso,

---

[230] Cf. Decker, K. *op.cit.*, 307.

quizás sólo uno, él [Rilke]."[231] Tal vez sea el poeta el que brinde las asociaciones más libres.

Lou se vale también de las intuiciones compartidas con el poeta para ir ampliando los horizontes de Freud, cuyo trasfondo metafísico inconfesado es un *monismo positivista*, diferente del neorromántico de Lou y de Rilke.

Creemos de sumo interés incluir aquí el relato de Freud acerca de su encuentro con Rilke, a quien alude -sin mencionarlo- el texto de Freud "Fugacidad" (*Vergänglichkeit*) de 1915-1916.

No hace mucho tiempo me paseaba por un floreciente paisaje veraniego en compañía de un amigo taciturno y de un joven y ya renombrado poeta. Éste admiraba la belleza de la naturaleza a nuestro alrededor, aunque sin alegrarse a causa de ella. Lo perturbaba la idea de que toda esta belleza estaba consagrada a la extinción, de que en invierno se habría desvanecido, pero igualmente cada una de las bellezas humanas y todo lo bello y noble que el hombre hubiera creado y pudiera crear. Todo cuanto él habría amado y admirado le parecía desvalorizado por el destino de fugacidad al cual estaba condenado.[232] [Hemos corregido la traducción en base al original alemán].

---

[231] *Ibid.*, 285.

[232] Freud, S. "Fugacidad ", trad. Juan Felipe Cano Posada, en *Revista Affectio Societatis*, Vol. 10, N° 19 (dic. 2013), 3. "Vergänglichkeit": "*Vor einiger Zeit machte ich in Gesellschaft eines schweigsamen Freundes und eines jungen, bereits rühmlich bekannten Dichters einen Spaziergang durch eine blühende Sommerlandschaft. Der Dichter bewunderte die Schönheit der Natur um uns, aber ohne sich ihrer zu erfreuen. Ihn störte der Gedanke, dass all diese Schönheit*

Sigue diciendo Freud que -frente a esta experiencia de caducidad- caben dos mociones del alma: una, el doloroso hastío adjudicado a Rilke; otra, la rebelión frente a lo inaceptable de la reducción de la facticidad al absurdo. Freud le objeta al poeta que la fugacidad de lo *bello* no lo desvaloriza, al contrario, implica un incremento en valor. Pero es también innegable que la posible pérdida de lo bello que amamos anticipa un *duelo*. Y éste puede ser liberador de la libido. "Si los objetos llegan a ser destruidos o si los perdemos, se libera así de nuevo nuestra capacidad de amor (libido). Puede tomar como sustituto otros objetos o retornar por momentos al yo."[233] Con todo, confiesa Freud, el duelo sigue siendo un *enigma* por el inexplicable aferrarse de la libido al objeto perdido.

Fueron cuestionamientos ineludibles en medio de la destrucción que esparció la Primera Guerra Mundial tanto sobre la naturaleza como sobre las obras de cultura. Sin embargo, Freud concluye:

> No es sorprendente que nuestra libido, tan empobrecida de objetos, haya investido con intensidad tanto mayor aquello que nos ha quedado, de modo que nuestro amor a la patria, la ternura hacia quienes nos son más cercanos y el orgullo por

---

dem Vergehen geweiht war, dass sie im Winter dahingeschwunden sein werde, aber ebenso jede menschliche Schönheit und alles Schöne und Edle, was Menschen geschaffen haben und schaffen könnten. Alles, was er sonst geliebt und bewundert hätte, schien ihm entwertet durch das Schicksal der Vergänglichkeit, zu dem es bestimmt war." Ibid., 6.

[233] *Ibid.*, 4. Cf. Freud, S. *Duelo y melancolía [Trauer und Melancholie]*, texto escrito por Freud en 1915 y publicado en 1917.

lo que tenemos en común se hayan vuelto de repente más fuertes.[234]

No sabemos qué efecto surtió la conversación con Freud, mencionada en "Fugacidad", sobre el ánimo de Rilke. Sí nos consta que, a una determinada altura, Lou misma dejó de estar obsesionada por la neurosis de Rilke y estaba convencida de la fuerza sanadora de su poesía. Incluso llegó a considerar que un psicoanálisis podría interferir en su actividad creadora. Se lo había comunicado en la arriba mencionada carta a Rainer, que puede considerarse como un reencuentro feliz en sus respectivas profundidades. Rilke mismo explicaba a Gebsattel su resistencia al psicoanálisis por el temor de que tal tratamiento no sólo le expulsara sus demonios, sino también a sus ángeles.

Lou, como la fiel amiga, habilita a Rilke a ser "médico de sí mismo". El resultado exitoso puede leerse en una carta de Rilke a la pintora suiza Sophy Giauque en 1925, aun con el ya claro diagnóstico de leucemia. La lección de la Pascua rusa parece haberse hecho carne en una decidida apuesta a la *resurrección*, de la que le hablaron tantas primaveras:

¡Hasta qué punto están en migración todas las cosas! ¡Cómo se refugian en nosotros, cómo desean, todas, ser salvadas de su vida exterior y revivir en ese más allá que encerramos en nosotros mismos, para hacerlas más profundas! Como en suaves conventos de cosas vividas, de cosas soñadas, de cosas imposibles, todo lo que teme al tiempo se refugia en nosotros, y realiza, de rodillas, su deber de

---

[234] *Ibid.*, 5.

eternidad. [...] Completamente cubiertos de cruces, llenos por entero de inscripciones, cavados y removidos por los innumerables entierros de lo que nos sucede, tenemos encomendada la tarea de la transmutación, de la resurrección, de la trans-figuración de todas las cosas. Porque ¿cómo salvar lo visible si no es transformándolo en el lenguaje de la ausencia, de lo invisible? ¿Y cómo hablar de esas cosas que permanecen mudas si no es convirtiéndolas en canto, apasionadamente, sin ninguna ilusión de hacerse comprender?[235]

Con su siempre aguda intuición, Lou capta y nos transmite la diferencia, pero también cierta analogía entre Rilke y Freud. La conocida frase freudiana: "*Wo es war, soll Ich werden*" ("Donde estaba ello, ha de devenir el yo"), traducida al lenguaje rilkeano sería: "Donde estaba lo exterior y visible, ha de devenir lo interior e invisible".

La diferencia está sobre todo en el fondo metafísico: un Todo más cientificista en Freud y más romántico-poético, es decir, en inacabable creación en Rilke. Con esta metafísica de la belleza y el amor -a favor de un incremento de vida- se sentía Lou ligada como por un cordón umbilical. Y este fue el motivo que la llevó a disentir en el tema del narcisismo con Freud. La fecundidad de tal crítica se notó en las subsiguientes formulaciones de ese mismo tema en el maestro.

---

[235] Cit. por Pau, A, *op. cit.*, 31.

En nuestro recorrido hemos partido de la situación epocal de entresiglo que les tocó en suerte tanto a Rainer María Rilke como a Lou Andreas-Salomé. Ellos irrumpieron con sus respectivas creaciones en un complejo entretejido de movimientos artísticos de renovación. Supieron desplegar la carga de futuro que tales movimientos pusieron en escena. Como pensadores contemporáneos podemos denominarlo como un verdadero *acontecimiento*. Quizás quepa sintetizarlo con las palabras de Martin Heidegger: "El acontecimiento-propiador (*Ereignis*) es el *entre* referido al paso del Dios y la historia del hombre".[236] Heidegger, quien fue muy crítico en su interpretación de Rilke, sigue siendo deudor suyo nada menos que en el *Leitmotiv* de lo *Abierto* como espacio de libertad. En *Los cuadernos de Malte Laurids Brigge*, Rilke nos hizo conocer los abismos de su descenso a los infiernos, para disponernos a acoger el *acontecimiento* (*Ereignis*) como irrupción de la imprevisible "abreviatura de la eternidad". Puede percibirse sus huellas renovadoras en el pensar de Martin Heidegger (1889-1976), Paul Ricoeur, (1913-2005) Claude Romano (1967-), Juan Carlos Scannone (1931-2019), Jean-Luc Marion (1946-). Rilke también es precursor en el análisis de la muerte enajenada y en masa, que tiene lugar en la ciudad-hospital y la ciudad-cementerio. Frente a ello abogó por la muerte propia, madurada y sublimada con cada sufrimiento.

---

[236] *"Das Ereignis ist das Zwischen bezüglich des Vorbeiganges des Gottes und der Geschichte des Menschen."* Heidegger, M., (³2003), § 7, 27. [La traducción es nuestra]

Nuestros referentes, Lou Andreas-Salomé y Rainer Maria Rilke, incidieron también decisivamente en la recuperación de la libertad en las relaciones entre la mujer y el varón. Gracias a Lou, el paradigma de la *hermandad* fue actualizado y se cargó de un nuevo sentido. Las relaciones y actuaciones transnacionales tanto de Rilke como de Lou abonaron en buena medida su realización efectiva en la historia europea subsiguiente, que hoy conocemos como Unión Europea. Ambos actuaron en los centros culturales más importantes que fueron, sin duda, fundantes para tal Unión. Rilke recorrió sus paisajes y ciudades desde Italia hasta Escandinavia, desde Rusia hasta España. No escatimó esfuerzos para aprender sus idiomas. Habitó, sin echar raíces, en Worpswede, Munich, Berlín, París, se asentó -finalmente- en Suiza , donde murió en 1926 y, por su expresa voluntad, fue sepultado en el pequeño cementerio de Raron. Si bien su patria seguía siendo la lengua alemana, se esmeró en escribir poemas en ruso y en francés. Estaba convencido de que había que escribir en todos los idiomas.[237] Intentó lazos interculturales por medio del ejercicio de la *traducción*. Con la princesa von Thurn und Taxis tuvieron veladas de traducción de Dante. Además, Rilke tradujo algunas obras de sus amigos franceses, Paul Valéry (1871-1945) y André Gide (1869-1951) al alemán.

Tras haber atravesado el desierto nihilista, tan certeramente descripto por Nietzsche, Lou y Rilke evitaron el ser cómplices en su crecimiento, ese crecimiento que aún hoy es una amenaza siempre latente. Los hermanaba la apuesta a la *poeticidad del mundo*, su arraigo en el pueblo y en la vida cotidiana. Si bien

---

[237] Pau, A. (2019), 72.

apartados de las Iglesias institucionales, creyeron sin embargo en la *comunidad* de artistas e intelectuales, e intentaron vivir más o menos afortunadamente en ella. No deja de sorprendernos la paradoja de que eliminaron todos los intermediarios habidos hasta ahora para instaurar uno nuevo: el poeta. Estas nuevas comunidades practicaron el amor a la belleza. A Rilke le debemos haber renovado la casi languideciente concepción de la *belleza* al profundizarla con lo *sublime*. De esta manera, logró reunir hasta lo terrible con lo fascinante. Y esto fue posible por una percepción mancomunada de lo *sagrado*, casi desvanecido a lo largo del siglo XIX y recuperado en sendas búsquedas ardientes.

En Rilke, Dios es la "dirección dada al amor". Se contrapone al Dios del terror y castigo. La participación ineludible del hombre en el devenir de Dios hace que la *teodicea* se imbrique con la *antropodicea*.[238]

Más aún la recuperación del Dios-Amor lo relaciona con la felicidad. En una dedicatoria, Rilke lo afirma con toda claridad:

Es necesario ser feliz para encontrar a Dios
porque los que lo inventan debido al infortunio van demasiado rápido y buscan demasiado poco la intimidad de su ardiente ausencia.[239]

---

[238] Holz, H. (2009). Se trata de un despliegue innovador de esta coincidencia.

[239] *"Pour trouver Dieu il faut être heureux/ car ceux qui par détresse l'inventent/ vont trop vite et cherchent trop peu/ l'intimité de son absence ardente."* RILKE R. M., *Poème et dédicaces*, en (1955) T. II, 670. Esta dedicatoria fue precedida por otras dos redacciones de 1924. Allí afirma Rilke la necesidad de alcanzar la ligereza del ser feliz sin Dios, para reencontrarlo. En la segunda redacción habla de que, a partir de ese ser feliz, renacerán los dioses nuevos y potentes. Idem, T. II, 801.

Si la infancia es, para el poeta, una fuente inagotable de creatividad, la tierra celebra su propia infancia en cada primavera. El horror del mal es exorcizado por la posible recuperación de la inocencia. Rilke se sintió el *hijo pródigo* de la infancia que se le antojaba inconclusa. Tras la experiencia de la más lejana extranjería, volvió a esa casa con las fuertes raíces de su ser y plena de "una fecunda alegría". "No sabemos si permaneció en ella; sabemos tan sólo que regresó." Más todavía, su corazón oyó una lengua maravillosa y decidió "escribir poesía en esta lengua".[240]

En medio del sacudimiento de la Primera Guerra Mundial, la voz de Freud apela a la re-construcción: "Reconstruiremos todo lo que la guerra ha destruido, quizás sobre un fundamento más firme y más perdurable que antes."[241] Lou y Rilke, en cambio, re-encantaron un mundo desencantado y nos lo dejaron en herencia.

Rainer Maria Rilke: Cronología[242]

1875-Nacido el 4 de diciembre en Praga. Padres: Josef Rilke y Sophie (Phia), nacida Entz.

---

[240] Cf. Rilke, R. M.(s.f.), 154 s.

[241] Freud, S. "Fugacidad", 5.

[242] Añadimos este anexo que es nuestra traducción del que aparece en varias ediciones de los libros de Rainer Maria Rilke de la editorial Insel. Nos ha sido muy útil en nuestra investigación acerca del poeta y su contexto. Esperamos que lo sea también para nuestros eventuales lectores.

1882-Ingreso en la escuela primaria dirigida por los escolapios.

1886-Como becario estatal en la Escuela Militar Secundaria Inferior de St.Pölten. Los padres se separan.

1890-Escuela Militar Secundaria Superior Mährisch-Weisskirchen.

1891-Fin de la Escuela Militar, concurre a la Academia Comercial en Linz.

1892-Preparación privada para el bachillerato en Praga.

1894-"Vida y canciones".

1895-Bachiller. Comienzo de los estudios universitarios en Praga. Colaboración en varios periódicos; "Atalayas", "Sacrificio a los lares".

1896-Estudios universitarios en München. Conoce a Wilhelm v. Scholz (1874-1969), Jacob Wassermann (1873-1934).

1897-Encuentro con Lou Andreas-Salomé, continuación de los estudios en otoño en Berlín: Encuentro con Stefan George (1868-1933) y los hermanos Carl (1858-1921) y Gerhart (1862-1946) Hauptmann. "Coronado de sueño", el drama "En la escarcha temprana" se escenifica en Praga.

1898-Berlín, Florencia, Zoppot, Berlín. "Adviento", "A lo largo de la vida".

1899-Berlín. Viena: se relaciona con Arthur Schnitzler (1862-1931), Hugo von Hofmannsthal (1874-1929). Alrededor de Pascua el primer viaje a Rusia con el matrimonio Andreas. Visitas al pintor Leonid Pasternak (1862-1945), padre de Boris Pasternak (1890-1960) y encuentro con León Tolstói (1828-1910) en Moscú. "Fiesta para mí".

1900-Segundo viaje a Rusia con Lou Andreas-Salomé. Visita a Tolstoi en Jasnaja Poljana, Moscú, Kiew, viaje por el Volga, Petersburgo. Al regreso recibe una invitación del pintor Heinrich Vogeler (1872-1942) a Worpswede, encuentro con Paula Becker (1876-1907) y Clara Westhoff (1878-1954). Se relaciona con el ensayista y filósofo Rudolf Kassner(1873-1959)."Del buen Dios at alia" (novelas cortas).

1901-Casamiento con la escultora Clara Westhoff, residencia en Westerwede. Nacimiento de la hija Ruth. En Berlín se escenifica "La vida cotidiana".

1902-Westerwede, Haseldorf, Paris. "Worpswede" (Monografía), *El libro de las imágenes*, *Los últimos* (cuentos).

1903-París: con Rodin, trabaja en la monografía *Auguste Rodin*. Viareggio, Worpswede, Roma.

1904-Roma Kopenhagen, sur de Suecia; Oberneuland junto a Bremen. *Historias del buen Dios*, nueva edición de los cuentos de 1900.

1905-Oberneuland, Dresden, Göttingen, Berlín: S. Fischer, Friedelhausen (Hessen). Con Rodin en Meudon cerca de París. Primer viaje de conferencias. *El libro de horas*.

1906-París. Segundo viaje de conferencias. Muerte del padre en Praga. Separación de Rodin. Viaje a Flandes y Alemania. Capri. *El libro de las imágenes*, nueva edición ampliada. *La canción de amor y muerte del alférez Christoph Rilke.*

1907-Capri. París. Tercer viaje de conferencias, Viena: Rudolf Kassner. Venecia. Oberneuland. *Nuevas po-esías, Auguste Rodin* (nueva edición aumentada).

1908-Oberneuland. Capri. París: Verhaeren, Gide. *Otra parte de las Nuevas poesías.* Traducción del portugués de *Los sonetos de Elizabeth Barret-Brownings.*

1909-París. Viajes a la Provence. Terma de Rippoldsau. Paris: Encuentro con la princesa Marie von Thurn und Taxis. *Requiem, La poesía temprana.*

1910-París. Conferencia en Elberfeld, visita a los Kippenberg; Jena, Weimar, Berlín, Roma. Palacio de Duino cerca de Trieste. Oberneuland.

Visita a la princesa von Thurn und Taxis en Lautschin y a S. v. Nádhernys en Janovic en Bohemia. París, viaje al norte de África: Algeria, Túnez. *Los cuadernos de Malte Laurids Brigge.*

1911- París-Nápoles. Egipto, viaje por el Nilo hasta Assuan. Venecia. París. Visita en Alemania. París. Invierno 1911/12: en el castillo de Duino. Traducción de *El centauro* de Maurice Guérin.

1912-Primera Elegía, en Duino. Venecia: Eleonora Duse. München, París, viaje a España: invierno 1912/13 en Toledo y Ronda. Traducción del inglés del anónimo *El amor de Magdalena.*

1913-Ronda, Madrid, París. Viajes a Alemania: Encuentro con Franz Werfel (1890-1945). París. *La vida de*

María, *Primeros Poemas*, traducción de *Las cartas portuguesas*.

1914-París. Berlín, París, Duino, París. El estallido de la guerra lo alcanza en Alemania, Rilke pierde sus propiedades en París. Leipzig, München, Berlin. Traducción de *El retorno del hijo pródigo* de André Gide.

1915-München, donde viven también Clara y Ruth Rilke, se convierte en su residencia.

Al círculo de amigos pertenecen Loulou Albert-Lasard, Regina Ullmann, Annette Kolb, Hellingrath, Hausenstein, Carossa. Encuentro con Walther Rathenau. Noviembre: examen e incorporación al servicio militar. Berlín. Viena.

1916-Viena. De enero a junio: servicio militar, desde febrero en el Archivo de guerra. Rodaun: trato con Hofmannsthal, Stefan Zweig (1881-1942), Kassner. München.

1917-München. Berlín: Conde Kessler, Richard von Kählmann. München: Hofmannsthal.

1918-München:reencuentro con Kippenberg, relaciones con Eisner y Toller. Traducción de *Los veinticuatro sonetos de Louise Labé*.

1919-München: Visita de Lou Andreas-Salomé. Junio: gira de conferencias en Suiza. Zürich, Winterthur: los Hermanos Reinhart, Encuentro con Nanny Wunderly-Volkart. Ginebra, Soglio, Locarno. "Ruidos originarios (Ur-Geräusche)".

1920-Locarno. Basilea y Schönenberg en las inmediaciones de Basilea: familias Burckhardt y von der Mühll. Reencuentro con la Princesa von Thurn und Taxis en Venecia. Ginebra: Baladine Klossowska. Paris. Berg am Irchel.

1921-Berg: Encuentro de lectura con Paul Valéry (1871-1945). Desde Sierre descubrimiento del castillo de Muzot.

1922-Castillo de Muzot: en febrero *Las elegías de Duino*, escribe *Los sonetos a Orfeo*. Visitantes: Princesa von Thurn und Taxis, los Kippenberg. En Alemania se casa Ruth Rilke.

1923-Muzot. Viajes por Suiza. Traducciones de Valéry. *Las elegías de Duino, Los sonetos a Orfeo*.

1924-Valmont sur Territet: primera estancia en la Clínica. Poemas en francés. Muzot: visitantes: Paul Valéry, Clara Rilke-Westhoff. Con la Princesa en Bad Ragaz, Lausanne, Muzot, Valmont.

1925-Valmont. De enero a agosto: París. Ragaz, Berna, Muzot: Rilke escribe su testamento y pasa su 50. Cumpleaños solo en Muzot. Valmont. Traducción de *Poesías* de Paul Valéry.

1926-Valmont hasta comienzos de junio. Muzot, Ragaz, Lausanne, Anthy: encuentro con Valéry. *Vergers*, un tomo de poesía francesa aparece el 30 de noviembre. El 29 de diciembre muere Rilke de leucemia.

1927-El 2 de enero entierro en Raron. *Les Roses, Les Fenêtres*. Se publican la traducción de Paul Valéry *Eupalinos o sobre la arquitectura...*, en *Obras completas*, tomos 1 a 6.

Bibliografía

Andreas-Salomé, Lou. ([4]2019). *Rainer Maria Rilke. Buch des Gedenkens [Rainer María Rilke. El libro de la rememoración]* [1928, Insel Verlag], Michael Holzinger (Hg.), Berlin: Verlag der Contumax .

----- (1992). *Die Erotik. Vier Aufsätze*, Frankfurt/Berlin: Ullstein Verlag.

----- (1983). *Fenitschka. Eine Ausschweifung. 2 Erzählungen*, Frankfurt/Berlin/Wien: Ullstein Verlag.

----- (2007). *Im Kampf um Gott.* Roman von Henri Lou, München: dtv.

----- (1984). *In der Schule bei Freud,* Zürich, [Max Niehans Verlag, 1958] (trad. *Aprendiendo con Freud,* Barcelona, Laertes,).

------ (1974). *Lebensrückblick. Grundriss einiger Lebenserinnerungen aus dem Nachlass*, Ernst Pfeiffer (Hg.), Frankfurt am Main: Insel Verlag 1974 [*Mirada retrospectiva. Compendio de algunos recuerdos de la vida.* Buenos Aires, Alianza Editorial: 2018].

----- (1902). *Menschenkinder. Novellensammlung* (Hijos de los hombres y otras novelas), 2a. ed., Stuttgart, Cotta.

----- (1999). *Russland mit Rainer.* Tagebuch der Reise mit Rainer Maria Rilke im Jahre 1900, Marbach: Deutsche Schillergesellschaft 1999.

Dostojewski, F. M. ([24]2020). *Idiot*, München: dtv Verlagsgesellschaft [24]2020.

Einstein, Albert. *Mi visión del mundo (Mein Weltbild)*, trad. Sara Gallardo y Marianne Bübeck, Editorial digital Titivillus ePub base r1.2.

Engel, Manfred. ([3]2009). *Kindlers Literatur Lexikon.* Stuttgart: Springer, s.v. "Rilke".

Freud, Sigmund. *El malestar en la cultura*, http://www.librodot.com.

----- *Duelo y melancolía*

----- "Fugacidad" (*Vergänglichkeit*), trad. Juan Felipe Cano Posada, en *Revista Affectio Societatis*, Vol. 10, N° 19 (dic. 2013).

Hegel, G. W. F. (^{6}1952). *Phänomenologie des Geistes*, Johannes Hoffmeister (Hg.), Hamburg:Meiner .

----- (1962). *Glauben und Wissen*, Hamburg: Meiner.

Heidegger, Martin. (^{9}1960). *Sein und Zeit (Ser y tiempo)*, Tübingen: Max Niemeyer Verlag.

----- Heidegger, Martin, *Wozu Dichter?* en (^{2}1952). *Holzwege*, Frankfurt am Main, Klostermann. [*¿Para qué ser poeta?* en *Sendas perdidas*, trad. José Rovira Armengol, Buenos Aires: Losada 1960.]

----- (^{2}1952). *Der Ursprung des Kunstwerkes*, en *Holzwege*, Frankfurt am Main, Klostermann.

----- (^{3}2003). *Beiträge zur Philosophie (Vom Ereignis)* [GA 65], Friedrich-Wilhelm von Herrmann (Hg.), Frankfurt am Main: Vittorio Klostermann ^{3}2003.

----- (^{3}1967). *Die Frage nach der Technik*, en *Vorträge und Aufsätze*, Pfullingen, Neske, T. I. [*La pregunta por la técnica*, en (1994) *Conferencias y artículos*, trad. Eustaquio Barjau, Barcelona: Ediciones del Serbal.

----- (1967). *Brief über den „Humanismus"*, en *Wegmarken*, Frankfurt am Main: Klostermann.

----- (1969). *Zeit und Sein, Das Ende der Philosophie und die Aufgabe des Denkens*, en *Zur Sache des Denkens*, Tübingen: Niemeyer 1969.

Hölderlin, Friedrich. (1992). *Sämtliche Werke und Briefe I: Gedichte*, edición de Jochem Schmidt, Frankfurt am Main, Deutscher Klassiker, 1992.

----- (1977). *Poesía completa*, ed. bilingüe, trad. Federico Gorbea, Barcelona, Ediciones 29.

Rainer Maria Rilke/Lou Andréas-Salomé. (1952). *Briefwechsel*, [*Correspondencia*, trad. José María Fouce, prólogo Pierre Klossowski, postfacio: Miguel Morey, ePub r1.1 Blok 24.10.2019]

Orozco, Olga. (1979). *Obra poética*, Buenos Aires, Corregidor.

Plutarco de Queronea, *De defectu oraculorum*, cap. 17, 419 a-e.

Rilke, Rainer María. (^{4}1980). *Duiniser Elegien. Die Sonette an Orpheus*, Berlin: Insel Verlag.

----- (1955). *Sämtliche Werke*, Rilke-Archiv (Hg.), Frankfurt am Main, Insel.

----- (1918). *Die Sonette an Orpheus* [*Los sonetos a Orfeo*], ed. bilingüe, trad. esp. Jens Bücher, Santiago de Chile.

----- (1975). *Cartas a un joven poeta*, trad. Luis di Iorio y Guillermo Thiele, Buenos Aires, Siglo Veinte.

------ (s.f.). *Los cuadernos de Malte Laurids Brigge*, Wroclaw (Breslavia).

----- (1974). *Neue Gedichte*, Frankfurt am Main: Insel Verlag 1974.

Bibliografía complementaria

Buisel de Sequeiros, María Delia. (1998). "'El gran pan ha muerto'. De Plutarco a las exégesis modernas", en *STYLOS* (7)

Decker, Kerstin. (^{6}2020). *Lou Andreas-Salomé. Der bittersüsse Funken (La chispa agridulce)*, Berlin: Ullstein Buchverlag.

Dörr Zegers, Otto. Comentario a la Primera Elegía de Duino, en RILKE Rainer Maria. (²2001). *Las elegías de Duino* trad., notas y comentarios de Otto Dörr Zegers, Santiago de Chile, Editorial Universitaria.

Fahr-Becker, Gabriele. (2012). *Jugendstil*, Postdam: Tandem Verlag.

Frank, Manfred. (1994). *El Dios venidero*, trad. Helena Cortés y Arturo Leyte, Barcelona, Ediciones del Serbal.

Gebser, Jean. (1977). *Rilke und Spanien*, Frankfurt am Main: Suhrkamp.

González, Arantzazu. (1997). *El pensamiento filosófico de Lou Andreas-Salomé*, Madrid: Cátedra.

Holz, Harald. (2009). *Anthropodizee*. Bochum: Europäischer Universitätsverlag.

Mandrioni, Héctor Delfor. (1971). *Rilke y la búsqueda del fundamento*, Buenos Aires: Guadalupe.

Otto, Rudolf. (²1965). *Lo santo. Lo racional y lo irracional en la idea de Dios*, trad. Fernando Vega, Madrid, Revista de Occidente.

Pau, Antonio. (2019). *Vida de Rainer Maria Rilke. La belleza y el espanto*, Madrid: Trotta.

Rebok, María Gabriela. (2012). *La actualidad de la experiencia trágica y el paradigma de Antígona*, Buenos Aires: Biblos.

Schwilk, Heimo. (³2019). *Rilke und die Frauen. Biografie eines Liebenden*, München: Piper .

Wendt, Gunna. (⁵2020). *Lou Andreas-Salomé und Rilke – eine amour fou*, Berlin: Insel Verlag.

Un vínculo fecundo
Lou Andreas-Salome y Sigmund Freud

Silvia L. de Olaso

*"El enigma de la feminidad ha puesto
cavilosos a los hombres de todos los tiempos."*
S. Freud.

1.Sigmund Freud: sus inicios

En la existencia humana hay un tiempo para vivir y un tiempo para morir. Aunque se podría pensar que la muerte está en el comienzo de la vida y que ambos conceptos se entrelazan y subsisten en la singularidad de cada ser vivo.

¿Cómo fue su tiempo de vida-muerte para Freud? Y ¿cómo fue su vínculo con Lou Andreas-Salomé en ese entramado fecundo de sus vidas?

Pondremos énfasis en este artículo en la figura relevante de Freud, en la de la enigmática Lou y en el "entre" ambos a partir del encuentro promovido por Lou y aceptado por Freud con agrado en 1895.
Si siguiéramos la línea de Byung-Chul Han, podríamos preguntarnos: ¿Fue ese un encuentro en un *tiempo con aroma*?

También la verdad es un acontecimiento relacional. Tiene lugar cuando las cosas se comunican entre ellas en virtud de una afinidad u otro tipo de cercanía, cuando están cara a cara y entablan relaciones, cuando traban amistad ... la fidelidad de una relación es el aroma que desprenden las cosas cuando entablan amistad.[243]

Ambos se potenciaron mutuamente a juzgar por su producción y su obra...

1.1.Sigmund Freud: *algunos momentos de su vida*

El nacimiento de Segismundo Schlomo Freud fue anotado en Freiberg, Moravia, provincia del Imperio Austríaco, en la calle Schlossergasse, el 6 de mayo de 1856.

Freiberg se llama hoy Pribor y pertenece a la República Checa. Su padre, Jacob Freud tenía 40 años y su madre Amalia Nathansohon, 20 años, ambos profesaban la religión judía.

Debido a problemas económicos la familia se trasladó a Leipzig y luego a Viena, cuando Sigmund tenía solo 2 años de edad. Según informes médicos Freud nació con una membrana fetal sobre su cabeza, motivo que daba lugar en su momento a una leyenda popular: "hombre destinado a ser afortunado"

En algún sentido lo fue... por ser el preferido de su madre, quien lo llamaba Sigi.

De niño ya anotaba sus sueños. Fue el mejor alumno de su clase en el *Gimnasium Sperl*, egresando con la calificación *Summa Cum Laude*. Eligió como carrera la medicina en el ámbito de la neurología.

Fue también exitoso en la carrera elegida. Se graduó como médico en la Universidad de Viena con la

---

[243] Han, B-C. (2015), 73-74.

calificación de excelencia. "Tenía memoria fotográfica."[244]

Resulta singular su primer trabajo en el Laboratorio de Fisiología acerca de las gonadas de las anguilas. "Observaciones sobre la morfología y delicada estructura de los órganos lobulares de la anguila."

Un salto epistemológico lo llevó posteriormente a interesarse por el psiquismo del ser humano, poniendo también el acento en la observación y la estructura del mismo bajo una mirada científica, de acuerdo y en desacuerdo con la ciencia de su época.

La influencia de Breuer y de Charcot lo orientaron a la investigación de la psicología de su tiempo. Lejos aún del psicoanálisis …

Con respecto a su vida privada, diremos que se casó con Martha Bernays, en 1882, quien era cinco años menor que él, el amor de su vida. Antes de este acontecimiento estuvieron separados por un tiempo, motivo por el cual Freud escribió 900 cartas a su amada. Ellas reflejan un profundo amor recíproco y además aspectos irónicos de la personalidad de Freud. Como ejemplo vale la carta escrita el 21 de enero 1885, registrada bajo el título "Cartas a la novia" en la que se expresa de la siguiente manera:

En tercer lugar, no veo por qué has de tener frío. ¿Es que no hay estufa ni leña en Wandsbek? Exijo una explicación urgente. Espero que no lleguemos de nuevo a tus disculpas que no me puedes escribir en una habitación porque hace demasiado frío, ni en la otra porque no te dejan hacerlo tranquila. Esta fue la carta más terrible que jamás he recibido de ti, y no

---

[244] Jones, E. (1985), 582.

la olvidaré, aunque llegue a los ochenta y cinco años y tú estés hasta entonces dándome un beso diario, lo que quizá sea pedir demasiado. Querida, ¿es posible que sólo seas afectuosa en verano y que en invierno te congeles? Siéntate y contéstame a esto inmediatamente, pues aún estoy a tiempo de salir y buscarme una novia de invierno. […]

Freud fue un escritor epistolar de gran producción. Se conocen cartas familiares, a colegas como Ferenzi, Abraham, Fliess, y, entre tantas, a Lou Andreas-Salomé.

En cuanto a la teoría psicoanalítica el fenómeno de la histeria ocupa un lugar privilegiado. Breuer y Charcot, quienes fueron maestros de Freud, (Charcot en la Salpêtrière de París entre 1885-86) tuvieron relación e influencia e intercambiaron experiencias en esa época de inicios y descubrimientos.

Es conocida la frase freudiana: "no creo más en mis neuróticas" (refiriéndose a la histeria) dirigida a Fliess, su interlocutor del momento.[245] ¿Por qué esta expresión tan contundente?

Freud reconoce que las escenas de seducción que relatan sus pacientes generando traumas psíquicos son en muchos casos provocadas por el propio sujeto y tienen su base en fantasías en las cuales no hay mala fe en el engaño, pues este engaño es verdad para el propio sujeto y así las considera.

En 1906, en el texto "Mis tesis acerca del rol de la sexualidad en la etiología de las neurosis" afirma que: "quien aprende a interpretar el lenguaje de la histeria

____

[245] Freud, S. (1897). *Cartas a Fliess,* 114. Escrita el 11 de septiembre de 1897.

puede percibir que la neurosis no trata sino de la sexualidad reprimida de los enfermos".[246]

Freud advierte que los síntomas que padecen sus histéricas, a pesar de su malestar físico, no tienen relación alguna con lo biológico por lo cual dichos síntomas deben cumplir una función en la vida que debe escucharse bajo una perspectiva diferente a la meramente biológica.

El trauma como experiencia es la base del fenómeno histérico, bajo un determinado significante, diría Lacan.

El modelo fue Dora, la enigmática y desconcertante paciente de Freud, la que motivó su genial intervención en análisis: "¿Y cuál es su parte en el mal del que se queja?" fue una de las preguntas que le formuló Freud.

En un rodeo por el tema, también Lacan le prestó esmerada atención a Dora, descubriendo que Dora no estaba interesada en el señor K como visualizó equivocadamente Freud, sino en la Señora de K, pues su interrogante era por el enigma de la femineidad.

Los fenómenos de conversión histéricos habían sido considerados en la antigüedad provenientes de aspectos religiosos o fallas orgánicas, pero es Freud quien gira esta concepción ya que a partir de él y Charcot la interpretación toma un nuevo rumbo: comienzan a escucharse las voces del cuerpo por medio de sus síntomas.

Varias obras freudianas dan testimonio de tales análisis. Entre ellas: "Estudios sobre la histeria", "Sobre la psicoterapia de la histeria", "Etiología de la histeria",

---

[246] Freud, S. (1988). Escrito en 1906, 270.

"Sobre el mecanismo psíquico de los fenómenos histéricos", etc.

En cuanto al método hipnótico, fue usado en los comienzos del psicoanálisis, al descubrir que los síntomas histéricos desaparecían en cuanto el paciente hipnotizado expresaba verbalmente el recuerdo traumático junto con el afecto que éste le provocaba. La influencia en el uso de este tratamiento se atribuye a Charcot, el que causa intensa impresión en Freud, equiparando las vivencias patógenas de los enfermos a traumas psíquicos cuyo influjo sobre las parálisis histéricas Charcot había establecido.

Posteriormente Freud se aparta de este método, construyendo una metodología distinta. ¿Por qué lo hace? Porque considera que si bien sirve para curar, la base reside en la sugestión: negar los males de los que se queja el paciente.

Freud poseía un verdadero espíritu científico y no dudaba en modificar sus ideas si la investigación las contradecía. No se contentaba con soluciones inmediatas.

De allí que pasa al método catártico en colaboración con Breuer en Viena para, posteriormente, arribar al método definitivo llamado por "asociación libre".

La defensa alcanza ese propósito suyo de esforzar fuera de la conciencia la representación inconciliable cuando en la persona en cuestión, hasta ese momento sana, están presentes unas escenas sexuales infantiles como recuerdos inconscientes y cuando la representación que se ha de reprimir puede entrar en nexo lógico o asociativo con una de tales vivencias infantiles.

A fines de 1899 en *La interpretación de los sueños,* [247] la investigación psíquica se orienta a la posibilidad de trabajar sobre los sueños y sus mecanismos, en oposición a las anteriores formas de interpretación que se limitaban a una imagen = un significado.

Entre 1899 y 1900 Freud tratará el tema de la interpretación de los sueños desde una manera muy especial de concebirlos: su método de análisis, su finalidad como cumplimiento de deseos (tema que más adelante pondrá en cuestión), el material del cual están compuestos, el trabajo de los sueños y hasta los olvidos y regresiones.

En esta obra se juegan las asociaciones del paciente, los acontecimientos diurnos, su historia... Allí surge el análisis de los sueños, con su estructura, sus leyes propias: condensación y desplazamiento, las que retomará Lacan como metáfora y metonimia.

Los sueños valen en su relación con la conciencia, fundamento además orientado a abandonar la hipnosis y la catarsis para acercarse al tratamiento psicoanalítico actual.

Esta es la época de desarrollo de la teoría de la libido y sexualidad infantil. Como asimismo la posterior superación de las resistencias, complejo de Edipo, núcleo de las neurosis, en el que convergen los orígenes de la religión, de la moral, de la sociedad, del arte.

---

[247] Freud, S. (1988). Escrito en 1900. *Obras Completas, IV, V.*

Los días miércoles, a partir de 1902, sesionaba en la sala de espera del consultorio de Freud el Círculo Psicoanalítico, con tan solo 5 miembros: Stekel, Adler, Reittler, Kahane y Freud. Con el tiempo se incorporaron otros asistentes, como Jung, Abraham, Ferenzi.

Freud funda la Sociedad Psicoanalítica de Viena en 1908, con 22 miembros y en 1910 la Asociación Psicoanalítica Internacional. El psicoanálisis no ha muerto a juzgar por la vigencia de dicha Institución aún en la actualidad.

Freud deseaba que en sus reuniones "las ideas pasarán por las mentes inteligentes de los asistentes como por un caleidoscopio alineado con espejos que pudieran así multiplicar las imágenes".

La dinámica de la transferencia y las reglas técnicas datan de 1912.

Escribe "Consejos al médico sobre el tratamiento psicoanalítico"[248] estableciendo la regla fundamental para el analista: sostener que el paciente diga todo cuanto surge en la sesión, sin censurar sus pensamientos.

Luego publica "Tótem y tabú. Algunas concordancias en la vida anímica de los salvajes y el neurótico"[249] estableciendo una analogía entre la sociedad primitiva y el desarrollo del aparato psíquico, destrucción canibalística del padre y reparación, símbolo de su sobrevivencia y negación de la muerte del padre, su internalización e instauración de su autoridad y la ley. De esta manera, surgen paralelamente el *superyo* y la cultura. Lacan enunciará en este tema el Nombre del Padre y la Metáfora Paterna. Ella no rige en las psicosis, pues es sustituida por la Metáfora Delirante.

---

[248] Freud, S. (1988). Escrito en 1912. *Obras Completas, XII.*

[249] Freud, S. (1988). Escrito en 1913. *Obras Completas, XIII.*

En 1914 comienza la Primera Guerra Mundial, época en la que sostiene la teoría del narcisismo que ya venía enunciando como etapa de la evolución libidinal hacia la elección de objeto.

Posteriormente en 1915 formula su teoría metapsicológica considerando al aparato mental desde el punto de vista económico, dinámico y tópico.

Tal vez llame la atención del lector el uso de términos de orden físico o acordes al desarrollo de la ciencia de su época, como aparato, objeto, etc. Esto indica que las teorías deben interpretarse en su contexto cultural y social.

Un texto muy poético y que atraviesa los tiempos surge en el pensamiento de Freud. Se trata de "Duelo y melancolía" [250] en el que expresa la posibilidad de elaboración de un duelo en la medida en que pueda sustituirse el objeto perdido.

Pero el 25 de enero de 1920 muere su hija Sophie a causa de la gripe española en Hamburgo y posteriormente su nieto de tuberculosis. Estas muertes prematuras llevan a Freud a reconsiderar su teoría sobre el duelo.

Freud le escribe a Levy "Estas pérdidas son insoportables. Quizás mi propia enfermedad contribuye al disgusto. Trabajo por pura necesidad porque todo ya perdió significado para mi."

¿Ya no es posible sustituir al objeto perdido? Allí sostiene que "la muerte de un ser querido deja a las personas inconsolables y con un hueco imposible de llenar. El dolor siempre está ahí".

---

[250] Freud, S. (1988). Escrito en 1917. *Obras Completas, XIV.*

En 1917 hace su primera aparición "el monstruo" como llamaba Freud a su cáncer. "Tuve una molestia en el paladar derecho."[251]

En 1923 se le diagnostica el cáncer de paladar: se le descubre una formación leucoplásica en la mejilla y paladar que se extirpa. Ocurren sucesivas recidivas y operaciones que sostiene con fortaleza y dignidad.

El tema de la pulsión de muerte se va perfilando en Freud a partir de la guerra y se profundiza con la violencia interna vivida por el duelo propio. Ello impulsa al análisis de Tánatos junto a Eros.

Freud pasa a ser reconocido y su figura se agiganta. Gran cantidad de intelectuales asisten a verlo en Viena y desde toda Europa y EEUU: sus ideas pasan a formar parte de una cultura sofisticada. Las reacciones son ambivalentes.

Muy posteriormente Einstein envía una carta a Freud titulada "¿Por qué la guerra?"[252] Esto ocurrió en 1933. En esta carta le solicita una respuesta a su inquietud: "¿es posible controlar la evolución mental del hombre como para ponerlo a salvo de la psicosis del odio y la destructividad?"

Freud responde con una larga explicación básicamente considerando una *ilusión* la posibilidad de erradicar las inclinaciones agresivas de los hombres debido a las pulsiones de destrucción. Aunque "...lo natural será apelar a su contraria, el Eros..." "...de las acciones conjugadas y contrarias de ambas surgen los fenómenos de la vida." Y en otro párrafo se pregunta:

---

[251] Rizzi, M. (2014), 199.

[252] Freud, S. (1975). Carta enviada en 1933. *¿Por qué la guerra? Obras completas, XXII*.

"¿Por qué no la admitimos como una de las tantas penosas calamidades de la vida?" [253]

Habrán de transcurrir años en la fructífera labor de Freud antes del encuentro con Lou Andreas-Salomé.

Se sumarán otros escritos, como *Psicopatología de la vida cotidiana*, en los cuales tratará el tema de los fallidos, olvidos, desde un punto de vista determinista, como si el azar no tuviera lugar en la vida psíquica del ser humano. *El chiste y su relación con el inconsciente* aparecerá en 1905 con un *Apéndice* en el que analiza los *Acertijos de Franz Brentano* (1838-1917). En 1909 escribe el historial del caso Juanito "Análisis de la fobia de un niño de cinco años", analizando una fobia infantil. Y luego abordará las neurosis obsesivas.[254]

Nos acercamos a "Puntualizaciones psicoanalíticas sobre un caso de paranoia" [255] escrito en 1910. Es un muy interesante caso del doctor Schreber, quien "enferma dos veces de los nervios, ambas a consecuencia de un exceso de esfuerzo mental", al asumir el cargo de presidente del Superior Tribunal de Dresden, y termina internado en un asilo de Dosen, Leipzig. Freud escribe sobre el caso, basado en las memorias de Schreber, lo cual le induce a analizar los fenómenos del mecanismo paranoico.

---

[253] *Ibíd.*, 191.
[254] Freud, S. (1988) *Obras completas, VI, VIII, X.*
[255] Freud, S. (1988) *Obras completas, XII.*

2.Los inicios del vínculo Freud - Lou Andreas-Salomé

El período de encuentro con Lou se sitúa entre 1911 y 1912. Freud estaba teorizando nuevamente sobre los sueños y la técnica psicoanalítica en dos trabajos titulados: "Consejos al médico sobre el tratamiento psicoanalítico y "Sobre la dinámica de la transferencia."[256]

Lou ya había transitado por su vida en Europa acompañada de Rée y Nietzsche, cuando se produce, según se cree, un primer encuentro con Freud durante una estadía en Viena en 1895, ya que interrumpe una conversación porque "tenía que ir a ver a Freud" con quien había concertado una cita. Pero tradicionalmente, ha trascendido la imagen del encuentro de Lou y Freud en el Congreso de Weimar, celebrado en septiembre de 1911, entre muchos otros psicoanalistas.

A partir de dicho Congreso, Lou le escribe a Freud pidiéndole asistir a sus clases de los miércoles. Él acepta y responde: "cuando venga a Viena todos nos esforzaremos por hacerle accesible lo poco del psicoanálisis que puede ser mostrado y comunicado. Yo había interpretado ya su participación en el Congreso de Weimar como un presagio favorable."[257]

"Lo poco del psicoanálisis que puede ser mostrado y comunicado" ... ¡y ya habían transcurrido muchos años desde sus primeras producciones que datan de 1886!

El vínculo de Lou con Freud sería considerado un "buen encuentro", en la posición de Deleuze siguiendo a

---

[256] *Ibídem.*
[257] Andreas-Salomé, L. (2020), 19.

Spinoza: "cuando experimento alegría, cuando encuentro un cuerpo que compone en relación con el mío mi poder de ser afectado está lleno y mi potencia de actuar aumenta." Encuentro que posibilitó esta afección de alegría, de deseo y potencia mutuos.

Lou escribe su diario: *Aprendiendo con Freud* que abarca los años 1912-1913. En él figuran conceptos de la teoría psicoanalítica, mostrando su interés a través de planteos en diálogo con otros psicoanalistas y con ella misma. ¿Se podría afirmar que su "pareja" fue el psicoanálisis en los últimos años de su vida?

Aparentemente Lou no se dedicó a este quehacer porque tuviera que solucionar algún conflicto grave en su vida. ¿Por qué lo hizo?

Lou describe sus "impresiones vitales tan contradictorias, la vivencia de lo extraordinario y extraño del destino psíquico de un individuo, desde lo más primitivo hasta la adquisición de conciencia"; lo que dirigió su mirada hacia el inconsciente.[258]

Los escenarios en que transcurre su vida durante este período son Viena, Budapest, Gotinga, Munich, Dresden, Berlín, y nuevamente Gotinga.
El psicoanálisis posibilitó a Lou encuentros y desencuentros con figuras relevantes de la filosofía y del quehacer psicoanalítico como Buber, Scheler, Rank, Ferenzi, Adler, Jung, Tausk.

Recordaremos algunas circunstancias de la vida y la infancia de Lou que explicarían rasgos de su enigmática y atrayente personalidad.
Su infancia transcurrió entre cinco hermanos varones mayores que ella. Sus padres esperaban al sexto hijo

---

[258] *Ibíd.*, 13.

varón, pero cuando Lou vio la luz de la vida todos se alegraron y festejaron. Y hasta el mismo zar envió saludos de enhorabuena.

Una madre amada, pero tal vez cuestionada por su hija en su rol de mujer dedicada a su hogar. ¿Quiso Lou rebelarse contra ese modelo femenino?

Su padre, Gustav von Salomé, era un general ruso que había servido a los Romanov. Por eso su hogar fue una vivienda situada frente al Palacio de Invierno en San Petersburgo donde estaba instalado el Estado Mayor. Por tanto, Lou llegó al mundo rodeada del esplendor de la Rusia Imperial.

La preferencia del padre por su hija fue una consecuencia lógica en el entramado familiar, y se puede pensar que los vínculos con sus hermanos mayores pudieron marcar su dificultad para la salida a la exogamia y a su posterior elección de pareja.

Un padre así la coloca en una posición activa y al mismo tiempo seductora alimentando su narcisismo, aspecto que Freud parece haber vislumbrado como un rasgo de la personalidad de Lou.

La influencia de sus hermanos mayores fue tan intensa que la habría llevado a considerar "hermanos" a los hombres que encontraba en la trayectoria de su vida. Y así lo expresa: "La comunidad fraternal de varones que me tocó en suerte hizo que desde allí siguiera radiando sobre todos los varones del mundo; escondido en ellos siempre vi un hermano."[259]

Se casó en 1887 con Carl Andreas, pero ¿bajo qué condiciones? En toda pareja se juegan pactos y alianzas inconscientes. En este caso ella instaura su propia ley, y

---

[259] Andreas-Salomé, L. (2018), 40.

en cuanto a la pareja continúa en el mismo sentido. La libertad fue también condición necesaria. Así fue toda su vida. Su relación con los varones y sus vínculos triangulares con intelectuales fueron una constante. Es muy ilustrativa la foto en que aparece en un carro con un látigo fustigando a Ree y a Nietzsche en 1882, reflejando el poder y el atractivo que despertaba en los hombres que la rodeaban. Para Lou el amor auténtico no podía ser perdurable, sino efímero en su esencia. No enajena su libertad a un solo vínculo sostenido en el tiempo.

¿Qué le interesaba analizar a Lou, el varón o la mujer? Su mirada se posa intensamente en la mujer, la cuestiona, la moviliza, así se muestra en los textos citados anteriormente: *Fenitschka* y *Un desvío*.

Pero su pasión va más allá… es la Vida.

Sus pulmones tosiendo sangre desde muy temprano, ¿reflejan la necesidad de un aire nuevo?

La cura se produjo por la escritura y, fundamentalmente, por el psicoanálisis.

Considera que el psicoanálisis nos ayuda a corregir de una forma nueva. Pues en cierto modo reúne todo nuevamente en un punto rebosante del inconsciente, nos resume con nuestro pasado, y no solo con el nuestro, e independientemente de la ordenación racional que establecemos en el exterior, nos acomoda en el ininterrumpido desorden de lo existente.

En un comentario a Freud afirma que se ha sentido sola en su mundo de hermanos, siendo su único consuelo encaminarse al mundo de la fantasía.

Freud le pregunta cómo percibe ella a una mujer, y Lou la compara con el interior de una montaña repleta de piedras preciosas. Y asocia con una visita efectuada con su padre al interior de una mina cerca de Salzburgo y también a su cuento preferido de la infancia: el de una princesa que a cada palabra brotaban joyas de su boca. ¿Las joyas fueron sus producciones y toda su obra?

"A la luz del recuerdo tengo la impresión de que mi vida se hubiera encaminado al psicoanálisis desde que abandoné los botines de niña" "cuanto más profundizo en él, más fuertemente me atrae" escribió Lou Andreas-Salomé.

Su obra alumbró mentes y almas de varones notables, pero, sobre todo la suya propia.

La amistad que surgió en el encuentro con Freud permite vislumbrar la dimensión de libertad, de ternura y aceptación mutuas a partir de ese vínculo afectivo e intelectual.

"No puedo ajustarme a un modelo ni ser modelo de nadie, pero puedo formar mi propia vida a mi manera, y esto es lo que voy a hacer, cualquiera sea el resultado."[260] Esta declaración demuestra la profunda concepción de libertad y riesgo que eligió para transitar su existencia. Su independencia fue notable, escogió cómo llamarse, cuándo y con quién estar, a quién amar, qué y cómo pensar. Freud no dudaba en reclamar ante una inasistencia de Lou a la clase de los miércoles:

"Ayer la eché a faltar en clase. Tengo la mala costumbre de dirigir mi exposición a alguna persona concreta entre mis oyentes, y no dejé ayer de fijarme como fascinado en el asiento vacío que había reservado para usted."[261]

En otra oportunidad Freud alude al método que cada uno elige en la tarea psicoanalítica:

---

[260] Giraud, F. (2004), 31.
[261] Andreas-Salomé, L. (2020), 39. Escrito en 1912–1913.

En nuestra relación respectiva con cualquier tema nada ha cambiado. Yo toco una melodía muy simple en la mayoría de los casos, y usted le proporciona las octavas superiores; yo separo una cosa de otra y usted reúne lo separado en una unidad superior. Yo presupongo silenciosamente las condiciones de nuestra limitación subjetiva y usted atrae deliberadamente la atención hacia ellas. En conjunto nos hemos entendido bien y somos de la misma opinión, sólo que yo tiendo a excluir las opiniones menos una y usted en cambio a fundirlas en una sola.[262]

El psicoanálisis fue para ella un "regalo de Navidad". El regalo incluía a aquel varón a quien admiraba por su inteligencia sosegada e intensa. Y para Freud, según expresa en una carta de 1916, Lou fue una "entendedora por excelencia".

Ella planteaba que el psicoanálisis es un "retorno a sí mismo" que se lleva a cabo en el camino hacia algo que, pese a ser él, es también más que él, se presenta a fin de transformarse, a partir de lo más olvidado y familiarmente primigenio.

Considera que la curación es un "acto de amor" y el psicoanálisis no es más que una "maniobra de desanudamiento".

Para Lou a fines de la curación, debemos retornar a ese comienzo impersonal y a lo primordial en la vivencia anímica individual.

---

[262] Roldán, J. P. (2012-2013). Lou Andreas-Salomé y Freud, el psicoanálisis frente a la metafísica de origen romántico. *Revista Observaciones Filosóficas* (UCA) (15), 1-19.

Coincidiendo con este pensamiento Julia Kristeva en su libro *Historias de amor* señala: "pues ¿qué es el psicoanálisis sino una búsqueda infinita de renacimiento, a través de la experiencia de amor que recomienza para ser desplazada, renovada, para su no muerte?".[263]

El tema del narcisismo es introducido por Freud en el ya citado caso Schreber.

En las personas "normales" debería existir una armonía entre el amor a sí mismo, al objeto y el ideal del yo. Las neurosis carecen de tal armonía, y en esto se juegan las series complementarias, entre ellas las experiencias tempranas de vida, las que son fundamentales para un narcisismo "sano". Y un narcisismo "sano" preserva de enfermar.

En su agudeza de percepción Lou plantea, a diferencia de Freud, una doble dirección del narcisismo: hacia la individuación y hacia una fusión con el Todo, interpretada en sentido spinoziano, quien tuvo una clara influencia en su obra y en su vida.

Lou se animó a cuestionar a Freud en una temática decisiva. Para ella la afirmación de la propia individualidad es "ontológicamente secundaria y precaria. El amor a sí mismo, aún indiferenciado es englobado en un Todo original, al que está unido como el embrión por un cordón umbilical".[264]

El espejo natural refleja al Todo, no solo al individuo, sino a la naturaleza toda que lo rodea.

En su libro *El narcisismo como doble dirección* se puede rescatar el concepto de amistad que Lou describe, en concordancia con lo que significaron sus amistades a lo largo de su vida.

---

[263] Kristeva, J. (1983). "Elogio del amor", 1.
[264] Roldán, J. P. (2012-2013) (15).

La sensación de cierta asexualidad ante el amigo es legítima. Tendría su origen en un tercer elemento y no en el erotismo recíproco. Poco importa que surja de intereses aún infantiles o que prospere hacia otros más espirituales.

Sea cual fuere el amor o reconocimiento con que se valore o transfiera al amigo, éste lo será desde un tercer elemento capaz de unir con mayor solidez que el erotismo personal, puesto que, desviado del fin sexual, de la posesión física, a nuestra libido así elaborada se le ofrece un cambio.[265]

"Bajo el efecto de este primer choque que nos causa el nacimiento, escribe Lou en una carta abierta a Freud, nos hundimos en la angustia de una existencia extranjera que nos hace perdernos a nosotros mismos, caer del Todo a la Nada".

Nosotros ya encontramos en este primer aconte-cimiento, escribe Lou, la expresión de un querer vivir conquistado por una alta lucha en esta existencia que nos impulsa a volver a la oscuridad del seno materno. Nuestro cuerpo, sin embargo, ha sido expulsado al momento de nacer. En el principio hay ambivalencia.[266]

Para Freud, la angustia de nacimiento es el prototipo de toda angustia posterior.

Lou siempre mantuvo que el fondo más profundo de todo hombre es oscuro e impersonal, adelantándose en cierto modo a la idea de Ello, que Freud propondría

---

[265] Andreas-Salomé, L. (1982), 141.
[266] Roldán, J. P. (2012-2013), (15).

tiempo después. Los psicóticos y los niños poseen una conexión más fluida con ese fondo.

"La cultura, dice Lou, evoluciona en una especie de fachada por medio de la razón y de la acción. Pero por debajo existe una verdadera naturaleza profunda que no debemos ignorar".[267]

Y el deber fundamental de todo hombre radica en mantenerse fiel a ese fondo impersonal originario que anida en las profundidades de su ser.

¿Se trata aquí de una alusión al deseo?

Lou puntualiza una dimensión que va más allá del principio de realidad que tiene como rasgos el discernimiento, la capacidad de clasificación, etc. Se trata del principio de placer que se alcanza por un rodeo para lograr su objetivo.

En *Más allá del Principio de placer*[268]. Freud complejizará el concepto de principio de placer relacionándolo con la pulsión de destrucción o muerte.
Y siempre para Lou, el arte en ocasiones emparentado con la locura, es el que posibilita el acceso al fondo primordial. En cambio, para Freud el arte es uno de los recursos derivados de la sublimación de las pulsiones, aunque no es el único.

Lou afirma: "el arte es una forma privilegiada de conservar y alentar el despliegue de nuestro auténtico ser. Quien se olvida de esa dimensión de sí mismo, la más auténtica, deviene un ser amputado".[269]

Es de suponer que la comunidad de poetas y filósofos con los que ella se rodeó en su existencia, fuera

---

[267] *Ibídem.*

[268] Freud, S. (1979). Escrito en 1920. *Más allá del principio de placer. Obras Completas*, XVIII.

[269] Roldán, J. P. (2012-2013), (15).

una reafirmación "in situ" de su concepción acerca del arte.

Escribe Lou "es necesario que no aludamos al yo individual consciente, sino a aquella base común a todos, a la infancia esencial, donde solo puede basarse el gozo artístico. El arte tiene una doble cara: nos vivifica, por un lado, pero nos destruye por otro."[270]

Lou practicó el psicoanálisis durante 1915 en la ciudad de Gotinga. Fue colaboradora de Freud en el análisis que él realizara a su hija Anna, de quien se convirtió en amiga, siendo del agrado de Freud, pues al lado de Lou floreció quien fuera una muchacha depresiva y opacada.

Anna se dedicó al psicoanálisis, siendo en sus comienzos escritora de cuentos, actividad que causó desagrado en Freud, pues no percibía a su hija dotada para tal fin.

La amistad con Lou produjo cambios excepcionales en Anna Freud y su padre agradece a Lou por tamaña transformación. En realidad ambas, Lou y Anna, mantuvieron una viva fijación libidinal con sus respectivos padres, y no parecieron destinadas a aquello a que aspiraban muchachas de la época: marido e hijos…

Freud mismo se quejaba de la dificultad de su hija Anna para soltar al padre…

Anna se dedicó a ser analista, especialmente de niños, mantuvo afinidades y diferencias con Melanie Klein, referente indiscutido de la escuela inglesa en psicoanálisis, y se destacó en su producción escrita y en su tarea clínica.[271]

---

[270] *Ibídem.*
[271] Anna estaba por estos años muy interesada en la experiencia de Vera Schmidt en Moscú, donde había fundado un Laboratorio -

Retornando a la vida de Lou, en 1917, le escribe a Freud para relatarle un caso: el de una niña de seis años que padecía pavores nocturnos y solicita a Freud sugerencias sobre el caso.[272]

A fin de conseguir confianza con la niña, Lou le dice que ella también gritaba de noche, porque tenía los mismos sentimientos y que ambas lograrían librarse de esos temores contándose sus sueños.
Freud había sugerido a Lou el análisis de sueños de la niña y consideró la intervención de Lou como muy atinada.

Afirmó acerca de Lou: "excelente terapeuta que ha sabido abrirse un acceso tan lindo hacia la niña," e indica dos caminos técnicos posibles: esperar pacientemente a que ella se comunique en forma espontánea, lo cual sería lo más conveniente, o explicarle su interpretación por el camino más corto.[273]

Y refiriéndose a la vida de Lou, Freud le ha señalado que una hija como ella, amada por su madre, padre y cinco hermanos tenía, como ocurre en general, la *vida ganada*.

Para Lou, Freud fue como un mago con su varita mágica, capaz de denunciar aquello que se mantiene reprimido en las zonas subterráneas del ser humano. Y a través del inconsciente llegar hasta lo no comprendido.

Hogar para niños en 1921 con el fin de tratar pedagógicamente a chicos pequeños bajo directrices psicoanalíticas. En el otoño de 1925 tomaría en tratamiento a Bob, uno de los hijos de Dorothy Burlingham, que sería su gran amiga; poco después se ocuparía también de sus tres hermanos: Mabbie, Tinky y Mikey.
[272] Pernicone, A. Lou Andreas-Salomé. Supervisando por carta con Freud. *Revista Nudos en Psicoanálisis*. (6), 12.
[273] *Ibídem.*

Lou fue para Freud su interlocutora, refutaba sus planteamientos, en un plano de mutuo respeto y reconocimiento del valor autónomo del pensamiento.

Comenta Lou: "en una visita a Freud, un domingo por la tarde, muy agradable para mí, pudimos hablar de todos aquellos aspectos en los que yo creía que existían divergencias entre nosotros y en los que estamos más de acuerdo en realidad de lo que parece".[274]

En su libro *Aprendiendo con Freud, diario de un año 1912-1913* describe además sus encuentros y desencuentros con Adler y de éste con Freud.

Analiza los conceptos de inconsciente, complejo, pulsión y también lo onírico, el sadomasoquismo, la homosexualidad, la bisexualidad, la sublimación, el onanismo, las resistencias, la represión, etc. Lo hace desde una perspectiva freudiana pero también de intercambio con el círculo áurico que la rodeaba al vincularse con Freud en los discursos vespertinos de psicoanalistas vieneses y a otros no pertenecientes a dicha asociación.

En Freud la tensión de su pensamiento dinamizado por el diálogo con Lou abarcó elementos filosóficos, psicológicos y psicoterapéuticos.

El análisis en los comienzos estaba destinado a amigos o conocidos que accedían a él por recomendación o por lo que habían experimentado ellos mismos.

Estaba predestinado a establecer vinculaciones de cualquier naturaleza.

Fue un proceso de años incluso, para reconocer el peso de la transferencia y sus efectos tanto en lo teórico,

---

[274] Andreas-Salomé, L. (2020), 62.

como en la clínica psicoanalítica, transferencia que es en su esencia, transferencia de amor.

Retornando al tema de su hija Anna, Freud la describe como un "un poco excéntrica, una joven infeliz, demandante y enfadada". Demanda amor al padre y un lugar equivalente entre sus hermanos. No es de extrañar siendo que fue la hija menor de Freud….
Se recuperó de dolores y molestias después de un viaje del padre con la hija a Venecia y Verona.

Freud le confiesa a Lou: "A veces le deseo que encuentre cuanto antes un hombre bueno, y a veces tiemblo ante la pérdida".

¿Es tal vez éste un sentimiento frecuente de un padre hacia su hija mujer?

Confiesa a Lou que su Anna es lo bastante irrazonable como para aferrarse a un padre anciano. La niña le trae bastantes preocupaciones: ¿cómo sobrellevaré la vida y cómo puedo sacar la libido del lugar oculto en el que se ha escondido?

"No logro liberarla de mí, y nadie me está ayudando en esto," Freud se queja de la dificultad de su hija Anna para soltar al padre.[275]

Finalmente se dirige a Lou para pedirle un deseo frontal. La lleva a Anna con la esperanza de que sea para ella una amiga.

El deseo se cumple y Freud le agradece a Lou: "no puedo decirle cuánto me alegra que usted la acoja con tanto cariño".

En una carta de Anna a su padre, fechada el 27 de abril de 1922, en Gotinga, le escribe:

---

[275] Freud, S. y Freud, A. (2014). *Correspondencia 1904-1938*.

La Sra Lou ha cancelado uno de sus análisis por el tiempo de mi presencia… nuevamente mantenemos igual que en Viena conversaciones interminables. Es completamente imposible seguirle el ritmo del pensamiento, y ella sigue estando en condiciones cuando a mí todos los conceptos se me confunden en la cabeza. También tengo la oportunidad de ver textos nuevos de Rilke y todo es muy bonito por donde se lo mire.[276]

En otra carta fechada el 8 de julio de 1922, en Gotinga, escribe Anna a su padre: "Lou había equipado mis habitaciones con todos los colores de rosas de su jardín, además del chocolate, de tu foto en la pared e incluso ya me había dejado estampillas para escribir cartas sobre el escritorio".[277]

Gestos que denotan y connotan el especial cuidado de Lou hacia la hija, representante de quien fuera su digno y admirado padre. ¿Padre de ambas?

Lou le promete a Freud que Anna irá mejorando y que incluso crecerá nuestra alegría en la medida en que la amenaza del fin del mundo se vuelva menos sombría

En la atmósfera y bajo las alas de Lou, Anna elaboró su primera conferencia, la que le permitió obtener la membresía oficial en la Asociación Psicoanalítica de Viena.

Anna escribe a Lou. "desde que estuve contigo, todo se ha vuelto incomparablemente más bello, ligero, alentador y natural, como si de alguna manera se hubieran

---

[276] *Ibíd.*, 297.
[277] *Ibíd.*, 304-305. Escritas el 8 de julio de 1922.

avivado todos los colores" y relata sus primeras experiencias con pacientes.[278]

Anna, siguiendo el destino de Lou, le escribe: "estoy contenta de no ser yo la que se ha casado, me sigue gustando mucho así como están las cosas... No soy apropiada para casarme no más que una mesa, un sofá o mi propia mecedora".[279]

Sin embargo, sí fue cuidadora de su sobrino Ernest a la muerte de su hermana Sofía. Y de su padre, durante su cruel enfermedad.

Tuvo un paulatino ascenso en el campo del psicoanálisis hasta convertirse en una analista "experimentada, paciente y afable".

Finalmente, Lou y Freud intercambian correspondencia. En la despedida de Lou, en su casa en Viena, Freud escribe: "Con un recuerdo cariñoso, suyo afectísimo".[280]

En 1924, Freud se despedía nuevamente: "Le escribo con toda mi alma, ya que por ambas partes nos vemos impedidos de volver a vernos".

Y Lou le responde a Freud, en 1929: "Con mis recuerdos más afectuosos y el deseo de volvernos a ver, no importa cuándo, ni dónde. Suya Lou".

Y cerca de la muerte de Lou en 1935: "¿No podré verlo frente a mí durante diez minutos? ¿Ver la figura paterna que domina mi vida? Suya Lou".[281]

Uno de los aspectos que más caracterizó a Lou fue la dimensión de su libertad, eje de la amistad entre el

---

[278] Freud, S. y Freud, A. (2014). *Correspondencia 1904-1938.* Introducción, 16-19.

[279] Freud, S. y Freud, A. (2014). *Correspondencia 1904-1938.*

[280] Cardo Soria, G. (2015), 67.

[281] *Ibídem.*

maestro y su discípula. La aceptación de la libertad para pensar, cuestionar, discrepar, convenir, la libertad frente a la autoridad…

Su *Oración a la Vida*, estimulada por su profesor de Historia del arte: Gottfried Kinkel, resuena en los momentos en que se hace presente la finitud de su existencia, con amor y dolor:

Yo te amo en la aflicción y en la alegría.

Y si alguna vez quieres acabar conmigo

Me arrancaré de tus brazos con dolor

Como se arranca el amigo del pecho de

su amigo.

Cuando Freud se entera del fallecimiento de Lou, escribe esta Nota a modo de discurso fúnebre en *Escritos Breves* (1937-1938):[282]

El 5 de febrero de ese año tuvo una dulce muerte, en su casita de Gotinga, Lou Andreas-Salomé, poco antes de cumplir los 76 años. Los últimos veinticinco años de esta mujer extraordinaria estuvieron dedicados al psicoanálisis, al cual brindó valiosos trabajos científicos, ejerciéndolo además en la práctica. No digo gran cosa si confieso que todos nosotros sentimos como un honor su ingreso en las filas de nuestros colaboradores y compañeros de lucha, y, al mismo tiempo, como una nueva confirmación del contenido de verdad de las doctrinas analíticas.

Se sabía que siendo joven había mantenido intensa amistad con Friedrich Nietzsche, una amistad fundada en su profunda inteligencia para las osadas

---

[282] Freud, S. *Obras Completas, XXIII*, 299.

ideas del filósofo. La relación halló un final repentino cuando ella rechazó la propuesta matrimonial que él le hizo. Y de años posteriores se conocía que había sido tanto musa como madre solícita para el gran poeta Rainer Maria Rilke, hombre bastante desvalido en el diario vivir.

Pero en lo demás, su personalidad permaneció en las sombras. Era de una modestia y una discreción poco comunes. Nunca hablaba de sus propias producciones poéticas y literarias. Era evidente que sabía dónde es preciso buscar los reales valores de la vida. Quien se le acercaba recibía la más intensa impresión de la autenticidad y la armonía de su ser, y también podía comprobar, para su asombro, que todas las debilidades femeninas y quizá la mayoría de las debilidades humanas le eran ajenas, o las había vencido en el curso de su vida.

En Viena se había desarrollado, en aquel tiempo, el episodio más conmovedor de sus destinos femeninos. En 1912 regresó a esta ciudad para hacerse introducir en el psicoanálisis. Mi hija, que mantenía trato familiar con ella, la oyó lamentarse por no haber conocido el psicoanálisis en su juventud. Es verdad que por entonces no lo había.

3. *El exilio de Freud: el final de una vida signada por el placer y el dolor*

En 1938 los nazis toman el poder en Austria y la emigración se convierte en una necesidad imperiosa. Freud mantiene gran lucidez y capacidad de trabajo a pesar de las lesiones maxilofaciales decididamente inexorables. En junio de ese año Freud abandona Viena rumbo a Londres con su familia. Previamente debió declarar frente a las autoridades germanas que había sido tratado "con todo respeto y consideración debido a su reputación científica".

Freud solicita agregar una frase: "De todo corazón, puedo recomendar la Gestapo a cualquiera."[283] Además "En la Edad Media me hubieran quemado a mí. Ahora se conforman con quemar mis obras. ¡Es un gran progreso!"

Su traslado a Londres se produjo gracias a su amiga y paciente Marie Bonaparte, quien aseguró los pasajes. No lo consiguió para cuatro hermanos de Freud que quedaron en Viena antes de ser enviados a campos de concentración, donde murieron.

Su vida en Londres transcurre en 20 Maresfields Gardens dónde el consultorio fue acondicionado de la misma forma que en Viena, mientras la enfermedad avanzaba al ritmo de las intervenciones médicas para compensar un organismo débil y cansado.

Las operaciones a que fue sometido Freud fueron en total 34, algunas de más de seis horas de duración, además de las aplicaciones de radioterapia. Finalmente, su enfermedad pudo ser diagnosticada como carcinoma verrugoso, descubierto por Ackerman en 1948.

Toda clase de celebridades le transmitieron su afecto: Wells, Zweig, Weissman, Dalí, etc. Freud comenta en relación al cáncer: "Hace 16 años que estoy compartiendo con él mi existencia".

---

[283] Cf. Villar, R. "Sigmund Freud las heridas y el humor". Artículo del 27 de Octubre de 2020, en Jones, E. (1985) *Freud.*

Lee un último libro de Balzac, toma la mano de Schur, su médico, para recordarle la promesa de no abandonarlo cuando llegara el momento.

Muere el día 22 de septiembre de 1939, luego de la inyección de morfina, a los 83 años.[284]

Zweig, el 26 de Septiembre de 1939, escribe: "Hombre dotado de un gran espíritu, completamente entregado a su trabajo que no sólo aprovechará a él, sino también, podrá beneficiar a toda la humanidad".[285]

Sobrevive su obra y producción escrita acerca de la cual afirma: "Nadie escribe para alcanzar la fama, que de todas maneras es algo sumamente transitorio, o aún la ilusión de lograr la inmortalidad. Escribimos sin duda y ante todo, para satisfacer algo que se halla dentro de nosotros, no para los demás. Naturalmente cuando otros reconocen nuestros esfuerzos, se incrementa nuestra satisfacción interior, pero indudablemente escribimos primeramente para nosotros mismos, elevados por un impulso que nos llega desde lo más profundo de nuestro ser".[286]

4. Sigmund Freud: su legado

En su artículo "Una realidad disminuida de la que cabe siempre dudar" Vargas Llosa cita a la Asociación Psicoanalítica Vienesa, la que más adelante se llamará Asociación Psicoanalítica Internacional, cuyos miembros fueron liderados por Freud.

---

[284] Cohen, L. *Breve biografía de Freud.* (1856-1939). Instituto de Desarrollo Psicológico.

[285] S. Zweig citado en Lázaro, J. (1985) Revista Claves de Razón Práctica, (242).

[286] Jones, E. (1961) *Vida y obra de S. Freud*, 237.

Esto ocurre antes de la Segunda Guerra Mundial, cuando Viena, como capital del Imperio Austrohúngaro era una de las capitales más interesantes de Europa. Freud realiza un viejo sueño: ser miembro docente de la Universidad en la que había estudiado, gracias a la influencia de dos padrinos poderosos: Hermann Nothnagel y Richard von Krafft Ebing, quienes lo proponen como profesor extraordinario.

En la ciudad un grupo de científicos del más alto nivel discutía sobre una dimensión nueva de la vida que hasta entonces no parecía tener repercusión: un orden nuevo, representado por el inconsciente que escapaba a todo el universo vital representado por todo lo conocido hasta entonces: vida de sueños reprimidos, y fantasías de sueños inconfesables y verdades antojadizas.

Pese a la incomprensión de muchos científicos, el inconsciente está allí, junto a nosotros y buena parte de los ensayos más audaces de nuestro tiempo lo autorizan y suponen.

La realidad ha ido justificándolo, una realidad a medias, una realidad que no existe.

Un comentario sutil aparece en la sutil escritura del autor: sin embargo, la verdad es que sin ella, sin esta *verdad oblicua* del inconsciente, que se aproxima a la verdad de un modo indirecto, la libertad de los seres humanos sería menos posible.

La realidad del inconsciente es esa verdad que no es segura y que sin embargo estará allí siempre para reunirnos a ella en última instancia, cuando ya no quepa otra existencia que la suya.[287]

---

[287] Vargas Llosa, M. "Una realidad disminuida de la que cabe siempre dudar", en *La Nación*, 8 de agosto de 2022.

Elizabeth Roudinesco en su libro *Porque el psicoanálisis* se plantea las razones por las que "el psicoanálisis es tan violentamente atacado en la actualidad por aquellos que pretenden sustituirlo por tratamientos químicos considerados más eficaces".[288]

"La muerte, las pasiones, la sexualidad, la locura, el inconsciente, la relación con el otro dan forma a la subjetividad de cada uno , y ninguna ciencia digna de este nombre acabará jamás con ello."

"El psicoanálisis muestra una avanzada de la civilización sobre la barbarie, restaura la idea de que el hombre es libre en lo que respecta a su palabra y de que su destino no está limitado a su ser biológico… en lucha contra las pretensiones oscurantistas que apuntan a reducir el pensamiento a una neurona o a confundir el deseo con una secreción química".

Añade que por "su ambición metapsicológica, adquiere un estatuto específico. Es él quien permite oponer el hombre trágico, verdadero crisol de la conciencia moderna, al hombre conductista, pobre criatura partidaria del cientificismo inventada por los adeptos al cerebro-máquina".

"Al monstruo sin nombre fabricado por un científico megalómano, el psicoanálisis opone la trayectoria de un sujeto atravesado por sus sueños y sus utopías, pero limitado en sus pasiones mortíferas, por la sanción de la ley".

¿Edipo encerrado en un modelo fisicoquímico? La teoría de Freud acerca de la familia edípica se basa en la posible revalorización simbólica de una paternidad

---

[288] Roudinesco, E. (2013). Prólogo, 1° parte, 11 a 37.

venida a menos, tal como lo mostró Freud en *Tótem y Tabú* en 1912. "El padre, como el Wotan de Wagner, es una figura abolida, fracasada, triturada por el poder creciente de la emancipación femenina".

Este modelo fue incluso cuestionado por la Escuela Inglesa, a través de Melanie Klein, en una visión de la organización familiar en la que el padre estaba de alguna manera excluido.

Jacques Lacan también reivindica la función paterna. Propuso una revisión del modelo edípico clásico. Bosqueja un sombrío cuadro del universo de la familia occidental en un artículo dedicado a los complejos familiares.[289]

Se apoya en las tesis de Bataille y de Mauss predicando el culto de un freudismo subversivo, en tanto es para ellos capaz de servir de instrumento a un pensamiento del vínculo social, de lo imaginario, de lo sagrado, del sujeto. Basándose en los principios de la lingüística saussureana, hizo del lenguaje la condición de estructuración del inconsciente, elaborando una nueva tópica: lo imaginario, simbólico y real. Lacan considera al padre simbólico como, aquel que regula la ley Frente a ese padre desposeído, humillado, deshecho que atormentó la conciencia occidental del siglo XX, reapareció investido de una capacidad de lenguaje, reconstruyendo el Nombre del Padre. Lacan fue el mayor teórico del freudismo y derivó su concepción del hombre trágico de la tradición filosófica alemana. Heidegger en "Cartas sobre el humanismo" inscribe al lenguaje como" casa del ser" Gadamer en su libro "Verdad y método" lo ubica como soporte ontológico.

---

[289] Lacan, J. (1978), 92 a 94.

En suelo francés se produjo la subversión con la cual "Freud no hubiera soñado jamás".

Derrida con sus conceptos de deconstrucción y diferencia, permite a muchos profesionales del malestar actual del psicoanálisis y de la actualidad, pensar la idea de la diferencia sin caer en el diferencialismo y renunciar a la imperiosa figura de la maestría sin borrar, por ello el ideal platónico del maestro, que es el que pone obstáculos a los estragos del nihilismo contemporáneo, instaurando nuevos lazos con la filosofía, la psiquiatría y las psicoterapias.

Todavía será necesario que el psicoanálisis consiga dar sentido a los conflictos que no dejarán de surgir en el corazón mismo de la sociedad depresiva. "La imagen bufona del hombre conductista podría entonces desaparecer como un espejismo a merced de las arenas del desierto."

De alguna manera la figura de Lou Andreas-Salomé parece contraponerse a estas nuevas visiones del psicoanálisis. ¿Imaginaba ella que su reivindicación femenina y cierto desamor por el modelo clásico familiar, llevaría a estas consecuencias en la sociedad contemporánea? Su enigmática y exquisita personalidad la eximen de la simplista posición del feminismo actual. Se perfila en su figura una valorización de la libertad y la independencia femeninas que no condice con los estragos causados por el feminismo decadente, degradante y hasta obsceno del escenario actual. Y con el goce mortífero de la pulsión de muerte y destrucción, también muy lejos de la posición filosófica y psicoanalítica de Lou Andreas-Salomé.

Obsceno, fuera de escena... lejos de la sabiduría de Aristóteles en cuanto a la ubicación de la virtud.

Siempre está presente la libertad, de pensar, sentir y ser, tanto en Lou como en los pensadores psicoanalíticos contemporáneos.

El lenguaje soporte del ser a través de la palabra en la cura por el psicoanálisis, es el medio, el motor que impulsa esa libertad. Esa capacidad del hombre, que a diferencia del mundo animal posee posibilidad y potencia de transformar el padre del nombre en el Nombre del Padre.

4.1. Psicoanálisis vincular y Lou Andreas-Salomé

¿Y qué decir de los vínculos que se gestaron en la vida de Lou Andreas-Salomé en el entramado que fue su vida?

Isidoro Berenstein consideraba que la clínica vincular ha contribuido a la comprensión de algunos aspectos del análisis individual al abordar parejas y familias desde la Estructura Familiar Inconsciente.[290]

Y Janine Puget fue un "ejemplo de vida, deseo y curiosidad" según la introducción al libro "Teoría y clínica en la obra de Janine Puget", como señala su autora Nélida Di Rienzo, quien alude a una "bella imagen lúdica": hamacarse y en ese balanceo oscilar entre conceptos fundamentales del psicoanálisis vincular y nuevos descubrimientos y aciertos."[291]
Tales características signaron también la vida de Lou Andreas-Salomé.

La existencia de Lou fue como un juego de hamacarse, retroceder y avanzar en posición de una vida

---

[290] Di Rienzo, N. y otros. (2022 a).
[291] Di Rienzo, N. y otros. (2022 b).

alegre que potenciaba y producía efectos en la subjetividad de personajes significativos como Nietzsche, Rilke, Freud y psicoanalistas, poetas y filósofos de su tiempo.

Sin duda alguna en el "entre" de sus vínculos familiares y de amistades quedaron marcas y huellas. Su subjetividad singular y única transformó y produjo efectos en el "entre" ¿dos o tres? Convivientes en posición de creación y potenciación.

Muy lejos del nihilismo e individualismo contemporáneos Lou aparece caritativa a veces, o intensamente afirmada en su propia individualidad, poseedora del látigo, que en la figura de la carroza ejerce el dominio y poder sobre los hombres, quienes prendados de su belleza e inteligencia caen rendidos a sus pies.

Además, fue un modelo de vida curiosa y deseante, habitando siempre los espacios que esta le ofrecía.

Alianzas, acuerdos y pactos se hicieron presentes en sus vínculos. Como ejemplo su matrimonio con Andreas fue un pacto original y complejo tramitado, por los aconteceres, percepciones, resistencias y desafíos que signaron su existencia.

Sus preocupaciones como analista y paciente ocuparon "mundos superpuestos" entre su historia personal y avatares del contexto social que rodearon su figura.

La lógica de la transmisión freudiana, con sus cuestionamientos al maestro Freud, inquietó tanto a Lou como a Freud, y le permitió ocupar un lugar privilegiado, el que Freud habitó con agrado y aceptación mutuas.

La escritura de Lou estuvo marcada por la creatividad y una ética sin claudicaciones en el ejercicio de su tarea como psicoanalista, en constante intercambio intersubjetivo con personajes de su época y búsqueda incesante de la verdad, la que en la obra siempre es verdad a medias…

Su vida fue un constante intento de un "saber hacer" con su deseo, y con situaciones que marcaban agujeros en el saber, en búsquedas singulares y en ocasiones contradictorias: deseos de independencia y libertad, en lucha con exigencias dominantes de la época en que transcurre su existencia.

En ella se produjo una tarea deconstructiva de una identidad de origen no destructiva, sino constructiva de vínculos nacientes y crecientes en productividad como lo demuestran sus escritos, publicaciones y ejercicio del psicoanálisis.

Subsisten dudas acerca de su propio narcisismo en esta compleja subjetividad. ¿Se produjo un registro de la alteridad en su vida y en el amor?

Su figura es lo contrapuesto a una especie doliente, sufriente y fatigada de la vida. Su Oración a la Vida así lo demuestra. Representa un existir siendo, en una búsqueda de sentido no cerrado, sino abierto a posibilidades, nuevos entramados "con" y "entre" otros, en vínculos fecundos.

Estos se hallan configurados con el carácter de lo fraterno, basados en su infancia de hermanos, generando una percepción comunitaria que orienta y predomina en toda su trayectoria vital.

La valoración de lo inconsciente ha estado presente desde sus primeros escritos, tal como aparece en las figuras de Fenia y Adine en su obra "Fenitschka - Un desvío" intentando no quedar esclava de lo establecido, anhelando con intensidad su libertad, movida por la pasión, la compasión, y el deseo, motor de su vida.

1856-El 6 de mayo nace Sigismund Schlomo Freud, hijo de Jacob Freud y Amalia Nathansohn, en Freiberg. Moravia.

1858-Traslado familiar a Leipzig y a Viena.

1865-Ingreso a Gimnasium Sperl. (Educación Secundaria) a los 9 años.

1873-Ingreso a la Universidad de Medicina. Laboratorio de Fisiología de Ernest Brücke.

1881-Graduación como médico en la Universidad de Viena.

1882-Renuncia al Laboratorio de Fisiología e ingresa al Hospital General de Viena.

1886-Matrimonio con Martha Bernays, el 13 de septiembre. Vida en pequeña casa consultorio.

1888-Escribe "Artículos sobre hipnosis y sugestión".

1891-Mudanza a Bergasse 19, Viena, en agosto. Dónde nacieron sus 6 hijos.

1893-Escribe "Estudios sobre la histeria."

1899-Escribe La interpretación de los sueños.

1901-Escribe "Psicopatología de la vida cotidiana."

1905-Escribe "El chiste y su relación con el inconsciente."

1909-Terapia psicoanalítica orientada al descubrimiento y superación de las resistencias. Escribe "Análisis de la fobia de un niño de 5 años."

1910-Empleo de la expresión: "Complejo de Edipo". Escribe "Puntualizaciones psicoanalíticas sobre un caso de paranoia".

1911-Encuentro formal con Lou Andreas-Salomé en el Congreso de Weimar (Probable encuentro anterior en 1895).

1912-Escribe "Sobre la dinámica de la transferencia."

1912-13-Intercambio de correspondencia entre Freud y Lou Andreas-Salomé.

1913-Escribe "Tótem y tabú."

1914-Primera Guerra Mundial. Escribe sobre " la teoría del narcisismo."

1915-Inició de la teoría metapsicológica: teoría psicológica del aparato psíquico desde los puntos de vista dinámico, económico y tópico.

Escribe "La represión", "Lo inconsciente", "Pulsiones y destinos de pulsión."

1916-Continúa sus escritos metapsicológicos.

1917-Publica "Duelo y melancolía". Comunica a Ferenzi las primeras molestias en el paladar. Conferencias de "Introducción al Psicoanálisis".

1918-Analiza a su hija Anna con colaboración de Lou Andreas-Salomé.

1919-Escribe "Lo ominoso."

1920-Escribe "Más allá del principio de placer."

Muerte de su hija Sophie. Incorporación del psicoanálisis en la cultura. Intelectuales de alto rango visitan a Freud.

1921-Escribe "Psicología de masas y análisis del yo."

1921-Fructífera amistad de Anna Freud con Lou Andreas-Salomé.

1922-Artículos sobre la homosexualidad femenina y masculina.

1923-19 de junio muerte de su nieto Heinz, hijo de Sophie, de cuatro años.

1923-Escribe "El yo y el ello". Se le diagnostica cáncer del paladar.

1926-Revisión de la teoría de la angustia.

1927-Escribe "El porvenir de una ilusión."

1930-Publica "El malestar en la cultura."

1936-Cumple 80 años. Reactivación del cáncer.

1937-Publica "Análisis de lo terminable e interminable." En "Escritos Breves": homenaje post-mortem a Lou Andreas-Salomé.

1938-Traslado a Londres el 5 de junio. Visitas de Salvador Dalí, Seward, Wells, Zweig. Reactivación del cáncer y última operación.

1939-Fin de la práctica médica, el 1 de agosto.

1939-Medicado con morfina y muerte, el 23 de septiembre en Londres.

Bibliografía

Andreas-Salomé, Lou. (2020). *Aprendiendo con Freud.* Laertes.

Cardo Soria, Graciela. (2015). "Lou Andreas Salome y Sigmund Freud: la libertad y su maestro". Congreso Peruano de Psicoanálisis, *Revista de psicoanálisis* (16).

Cohen, León. *Breve biografía de Freud.* (1856-1939). Instituto de Desarrollo Psicológico. Biopsique.

De Becker, Raymond. (1972). *Sigmund Freud. Biografía la vida trágica.* Biblioteca Nueva.

Deleuze, Gilles. (2003). *En medio de Spinoza.* Cactus.

Derrida, Jacques y Roudinesco, Elizabeth. (2003). *"Y mañana que..."* Fondo de Cultura Económica.

de Olaso, Silvia y Capponi, María. (2007). *Sujeto y edad. Clínica y psicoanálisis.* Prometeo.

Di Rienzo, Nélida y otros. (2022 a). *Teoría y clínica en la obra de Isidoro Berenstein.* Addenda.

Di Rienzo, Nélida y otros (2022 b). *Teoría y clínica en la obra de Janine Puget.* Addenda.

Freud, Sigmund. (1980). *Obras completas.* Amorrortu.

Giraud, Françoise. (2004). *Lou. Historia de una mujer libre.* Paidos.

Han, Byung-Chul. (2015). *El aroma del tiempo.* Herder.

Jones, Ernest. (1961). *Vida y obra de S. Freud.* Lumen.

Juranville, Alain. (1992). *Lacan y la filosofía.* Nueva Visión.

Lacan, Jacques. (1978). *La familia.* Argonauta.

----- (2012). *Seminario 19...O peor.* Paidós.

----- (2009). *Seminario 20. Aún.* Paidós.

----- (1988). *Seminario 3. Las Psicosis.* Paidós

----- (2008). *Seminario 16. De un Otro al otro.* Paidós.

----- (1997). *Seminario 7. La ética del psicoanálisis.* Paidós.

Lázaro, José.(1985). Revista Claves de Razón Práctica (242).

Miller, Jacques Alain. (2009). *Conferencias porteñas.* Paidós.

----- (2020). *Extimidad.* Paidós.

----- (2022). *Lacan ayer y hoy.* Grama.

----- (1986). *Recorrido de Lacan.* Manantial

Nasio, Juan David. (1996). *Enseñanza de 7 conceptos cruciales del Psicoanálisis.* Gedisa.

Peters, H. F. (1980). *Mi hermana, mi esposa, La vida de Lou Andreas Salome.* Plaza y Janes.

Roldán, Juan Pablo (2012-2013). Lou Andreas-Salomé y Freud, el psicoanálisis frente a la metafísica de origen romántico. *Revista Observaciones Filosóficas* (UCA) (15), 1-19.

Roudinesco, Elizabeth. (2013). *¿Por qué el psicoanálisis?* Paidós.

Spinoza, Baruch. (2005). *Ética.* Caronte.

Vargas Llosa, Mario. "Una realidad disminuida de la que cabe siempre dudar."

La Nación, 8 de agosto de 2022.

Addenda

Graciela Rittaco

En búsqueda de la singularidad: acerca de particularismos y generalidades

> *"Ya no es antropomorfo el ángel [en el Greco...] su esencia es fluida, es el flujo que pasa a través de dos reinos..."*
> R.M. Rilke [292]

Las reflexiones que hemos expuesto hasta acá, a través de los sorprendentes y significativos encuentros de Lou Andreas-Salomé con sus amigos, aporta suficiente material para reconocer las improntas que han marcado el renovado desenvolvimiento de la comprensión de "lo propiamente humano" en el siglo XX. De alguna manera puede verse en Martin Heidegger a un intérprete privilegiado de los certeros atisbos del círculo de pensadores imantados alrededor de Lou, pues no cabe duda que, tanto Federico Nietzsche como Rainer Maria Rilke, fueron acogidos y reelaborados a lo largo de los aportes heideggerianos. Podríamos considerar a ambos, Nietzsche y Rilke, como verdaderos hitos que sirvieron de señalamiento sobre lo que estaba aconteciendo en el ámbito del pensar. No es un dato menor que, transcurridos unos cuarenta años del siglo XX, Martin Heidegger[293]

---

[292] Extraído del diario inédito de Rainer (enero de 1913), en Jaccottet, Ph. (1970), 102.

[293] Los siguientes artículos fueron reunidos en 1961 para su publicación en alemán: "El eterno retorno de lo mismo y la voluntad de poder" (1939); "El nihilismo europeo" (1940); "La metafísica de Nietzsche" (1940); "La determinación del nihilismo según la historia del ser" (1944-1946); "La metafísica como historia del ser" (1941); "Esbozos para la historia del ser como metafísica" (1941);

consideró apropiado reelaborar los dispersos dichos de F. Nietzsche, dejados por aquí y por allá, en tanto resorte último de comprensión del modo de verse la humanidad a sí misma, como expresión privilegiada para encauzar, desde allí, sus expectativas y anhelos.

Zaratustra toma la palabra. [Dice Heidegger] Como maestro del "eterno retorno" enseña el "super-hombre". Se aclara y consolida el saber de que el carácter fundamental del ente es la "voluntad de poder" y de que, de ella proviene toda interpretación del mundo, en la medida en que su índole es s*er posiciones de valor*. La historia europea devela su rasgo fundamental como "nihilismo" y empuja hacia la necesidad de una "transvaloración de todos los valores válidos hasta el momento". La nueva posición de valores, realizada a partir de la voluntad de poder, que ahora se reconoce decididamente a sí misma, exige como legislación su propia justi-ficación desde una nueva "justicia".[294]

Esta escueta síntesis, que debe entenderse mediante el eslabonamiento de todas las afirmaciones sostenidas a la vez, las unas por las otras -o sea "la voluntad de poder", "el nihilismo", "el eterno retorno de lo mismo", "el superhombre", "la justicia"- ya que es precisamente el conjunto de todas ellas lo que señala con nitidez los rasgos salientes de la novísima era iniciada desde aquí, aunque presentida y preparada por los "adelantados" expuestos por este libro. Descubre

---

"El recuerdo que se interna en la metafísica" (1941). Están publicados en castellano en: Heidegger, M. (2000).
[294] Heidegger, M. (2000), 210.

Heidegger,[295] con estas cinco expresiones determinantes de la metafísica de Nietzsche, que "el acontecimiento fundamental de esta historia fue, en último término, la transformación de la entidad en subjetividad."[296] "La subjetividad no sólo queda liberada de todo límite sino que ella misma dispone ahora de poner y quitar límites. [...] Debemos comprender la filosofía de Nietzsche -afirma Heidegger- como metafísica de la incondicionada subjetividad de la voluntad de poder."[297] Por eso mismo, "la instalación en lo planetario ya no es más que la consecuencia del *antropomorfismo* incondicionado".[298] Se cumple así que "metafísica es antropomorfismo: configurar y ver al mundo a la imagen del hombre."[299]

Las reflexiones de Martin Heidegger publicadas alrededor de 1940, en torno de la ubicación de la filosofía de F. Nietzsche como "posición histórica final de la metafísica occidental", pueden ser tomadas ahora a modo

---

[295]*Ibid.*, 21 continúa resumiendo el pensamiento nietzscheano: "En el ámbito de la preponderancia de las 'perspectivas' y los 'horizontes' carentes de perspectivas, es decir privados de despejamiento [...] comienza la donación de sentido como 'transvaloración de todos los valores'. La 'carencia de sentido' se convierte en el único 'sentido'. La verdad es 'justicia', es decir suprema voluntad de poder. A esta 'justicia' sólo le hace justicia el dominio incondicional de la tierra por parte del hombre."

[296] *Ibid.*, 194.

[297] *Ibid.*, 163-164.

[298] *Ibid.*, 21.

[299]*Ibid.*, 108. "La metafísica de la época moderna se caracteriza por el papel especial que desempeña en ella el 'sujeto' humano y la apelación a la subjetividad del hombre. [...] Toda conciencia de las cosas y del ente en su totalidad es reconducida a la autoconciencia del sujeto humano como fundamento inquebrantable de toda certeza. [...] Así hay, hoy en día, una concepción reconocida por todos, la concepción 'antropológica', que exige que se interprete el mundo a la imagen del hombre y que se suplante la metafísica por la 'antropología'." *Ibid.*, 109-110.

de recapitulación de todo lo desplegado por cada uno de los ángulos de visión mostrados por este libro. En definitiva, "para Nietzsche, el hombre es sujeto en el sentido de las pulsiones y los afectos que subyacen como '*factum* último', es decir -resumiendo- del *cuerpo*. Toda interpretación del mundo se lleva a cabo retrocediendo al cuerpo como hilo conductor metafísico."[300] Se cumpliría así tanto la culminación de la modernidad como la fundación de "la época de la acabada falta de sentido",[301] posiblemente por haber convertido al hombre en "el fundamento y la medida, puestos por él mismo, de toda certeza y verdad."[302] Consiguientemente Heidegger ve que, de ahora en adelante, la psicología se muestra como la vía apta para encarar los problemas fundamentales tal como fue previsto por Nietzsche (*Werke* VII, 35 ss),[303] y esto es algo que Heidegger reconoce como un signo de la pertenencia nietzscheana a una modernidad totalmente asumida.[304]

> "Fundamento"y "*principium*" es ahora el *subiectum* en el sentido del representar que se representa. [...] La esencia de lo que tiene el carácter de principio se determina ahora desde la esencia de la "subjetividad" y por medio de ésta última.[305] La metafísica de Nietzsche es, en cuanto acabamiento de la metafísica moderna, al mismo tiempo, [...] -

---

[300] *Ibid.*, 156.

[301] *Ibid.*, 13.

[302] *Ibid.*, 113. "Nietzsche, bajo la tutela del empirismo inglés, -dice Heidegger- cae en la explicación psicológica. [...] Está de acuerdo con Descartes en que 'ser' quiere decir 'representatividad', fijación en el pensar, y que 'verdad' quiere decir 'certeza' ", 149.

[303] *Ibid.*, 57.

[304] *Ibid.*, 149.

[305] *Ibid.*, 139.

en un sentido rectamente entendido- el final de la metafísica en cuanto tal.[306]

M. Heidegger recoge entonces la intención nietzscheana de que:

la psicología sea reconocida nuevamente como señora de las ciencias, a cuyo servicio y para cuya preparación están todas las demás. Esto responde a que, a partir de la doctrina del superhombre, se reconoce la preeminencia incondicionada del hombre respecto de la totalidad del ente, preeminencia que va acompañada por una nueva posición de valores a partir del cálculo como un más acabado estado de conciencia.[307]

M. Heidegger hace hincapié en que la capacidad de estimación de valor sólo le corresponde a quien dispone del poder necesario para otorgarle su valencia a los valores, de manera que sería una gran ingenuidad ignorar que los valores son puestos por el hombre. De hecho es F. Nietzsche quien afirma que "*los valores y su modificación* están en relación con *el crecimiento de poder de quien pone los valores*" (*fragmento 14).*[308]

Todo lo escrito por F. Nietzsche, bajo diversos formatos -en general como breves anotaciones- entre 1887 y 1888 es considerado por Heidegger como "su época de más clara lucidez y de visión más aguda". Se trata de sus últimos años productivos. Es el momento en que F. Nietzsche se atreve a exclamar en una nota (n. 1027) de 1887: "El hombre es el *animal monstruoso*

---

[306]*Ibid.*, 158.
[307]*Ibid.*, 76.
[308]*Ibid.*, 87.

(*Untier*) y el *superanimal* (*Übertier*); el hombre superior es el hombre monstruoso y el superhombre."[309] Han pasado ya, para este momento, algunos años desde los encuentros de F. Nietzsche con Lou y sus otros amigos que solían frecuentarlo. Todo este enorme poderío otorgado al hombre, que encuentra M. Heidegger en los fragmentos dispersos de F. Nietzsche, lo lleva a sostener que

> Nietzsche ya reconoció metafísicamente, que la "economía maquinal" de la época moderna, el cálculo maquinístico de todo actuar y planificar exige, en su forma incondicionada, una humanidad nueva que vaya más allá del hombre que ha existido hasta el momento. [...] Se necesita una humanidad que sea acorde desde su base con la peculiar esencia fundamental de la técnica moderna y su verdad metafísica, es decir que se deje dominar por la esencia de la técnica. [...] Con la "economía maquinal", en el sentido de la metafísica de Nietzsche, sólo es acorde el super-hombre, y a la inversa: éste necesita de aquélla para instaurar el dominio incondicionado sobre la tierra.[310]

Discontinuidades y perspectivismo son entonces inevitables. Una vez asumida la profunda conmoción que experimentó y exaltadamente transmitió Federico Nietzsche, no podría sorprendernos que, no sólo Martin Heidegger buscará posicionarse en torno al ser-en-el-mundo, sino que una serie de publicaciones filosóficas, muy recientes, se hayan hecho cargo también de retomar la problemática del "sujeto" y del "sí mismo", la

---

[309] *Ibid.*, 78.
[310] *Ibid.*, 137-138.

"consciencia" o la "persona", con la intención de clarificar los diversos contextos de su aparición junto con los variados matices con que fueron comprendidos. Podríamos decir que el núcleo de intelectuales reunido en torno a Lou presumió lo destacado de esta temática cuya expansión se dilata todavía en nuestros días y nos convoca para reflexionar sobre el tema y para reconocer ante todo la actualidad de la cuestión.

En fin, es conveniente consignar que, a pesar de la inmensa productividad en el terreno estrictamente antropológico o psicológico que no atenderé ahora, si observamos el campo filosófico -sin ser exhaustivos- se podrían nombrar desde Michel Foucault cuando atiende "a las palabras y las cosas" en 1966, a un Pierre Courcelle preocupado por "el conocerse a sí mismo" en 1974. Pero mucho más próximos son Charles Taylor (1989) *Sources of the Self* publicado por Cambridge University Press o Richard Sorabji (2006) *Self* publicado por Oxford University Press.

A la vez, el tema es retomado con intensidad por Alain de Libera (2007-2014) con *Archéologie du sujet* I-III, al que se le suma el Curso del *Collège de France* 2013-2014, publicado como *La invención del sujeto moderno,* en 2015 en Francia y en 2020 en Buenos Aires. Aunque no cabe duda alguna que el magno asunto acerca de qué sea el ser humano no ha sido descubierto recién en el siglo XX, esta certeza no ha impedido el fortísimo impulso que la cuestión adquirió en las primeras décadas del siglo XX, puesto que esta problemática continúa provocando un renovado interés. Podríamos decir que el entorno de Lou, aunado con su aguda sensibilidad, comenzó a hacerse cargo de una transformación considerable en la consolidación de una toma de posición ante lo humano que continúa resonando todavía entre nosotros.

No resultan tampoco indiferentes los términos griegos "*hypokeimenon*" (lo subyacente), "*hypostasis*" (lo realmente existente) o "*prôsopon*" (la persona) que, aunque requerirían un extenso tratamiento, le permiten a Alain de Libera hacer la historia de la "suposición"[311] del sujeto. Se vio motivado por una entrevista en la que Michel Foucault sostuvo que las diferentes ciencias humanas que se han desarrollado desde fines del siglo XIX constituyen "una experiencia en la cual el hombre compromete su propia subjetividad, transformándola."[312] El curso dictado por Alain de Libera (2013-2014) toma como punto de partida precisamente a Nietzsche a quien se le presentan el alma, el yo (*Je o Moi)* y el sujeto como una triple superstición (*Seelen-Subject-und Ich-Aberglaube*), o bien como un equívoco gramatical o una "generalización temeraria, abusiva, de hechos muy restringidos, muy personales, 'humanos, demasiado humanos' (*menschlich-allzumenschlichen Thatsachen*). "[313]. Por otra parte A. de Libera recoge la distinción hecha por M. Heidegger en su libro *Nietzsche* entre *"subjetidad" y "subjetividad"* con la intención de señalar

---

[311] de Libera, A. (2020), 229. El autor lo define de la siguiente manera: "lo que permite pasar de la percepción de actos llevados a cabo por x como actos de palabra a la percepción de x como sujeto-agente de estos actos; por lo tanto como sujeto hablante, pensante, y viviente como yo, es la capacidad de atribuir a otros seres una certeza sub-jetiva (*certitudo de supposito*) fundada sobre su supuesta capacidad de percibirse ellos mismos como los sustratos de sus actos." *Ibid.*, 225.

[312] *Ibid.*, 16.

[313] Nietzsche, F. en *Más allá del bien y del mal,* citado por de Libera, A. (2020), 14.

la gradualidad con que se fue incorporando la temática vinculada a la subjetividad. [314]

A la vez, conviene tener presente que, al mismo tiempo que Heidegger se ocupaba de revisar conclusivamente las fórmulas nietzscheanas, también Jung se hizo cargo de la mención al superhombre.

En enero de 1943, aproximadamente una década después de la muerte de Lou, C. G. Jung redacta el prefacio de un nuevo libro, que además de incluir dos conferencias de 1935 y 1936 aparecidas previamente en el *Eranos-Jahrbuch*, fue aumentado con otros aportes suyos e ilustrado con numerosas imágenes simbólicas "que corresponden, por así decirlo, a la esencia de la estructura mental alquímica."*[315]* Es el volumen V de *Tratados psicológicos* al que tituló *Psicología y Alquimia*. "La alquimia forma, por decirlo así, una corriente inferior,

---

[314] La polisemia de los términos relacionados con la individualidad posee una enorme riqueza. Véase M. Heidegger en *Nietzsche,* citado por de Libera, A. (2020), 168-169.: "El término *subjetidad* (*Subjectität*) debe poner el acento en que el Ser es determinado probablemente a partir del *subjectum*, pero no necesariamente por un ego. Además, el término contiene una referencia al *hypokeimenon* y así al comienzo de la metafísica, pero también una presignificación del camino seguido por la metafísica de los tiempos modernos, la cual requiere en efecto la "egoidad" y antes que nada la individualidad del espíritu en tanto rasgo esencial de la verdadera realidad." [...] "Desde el momento en que se entiende por *subjetividad* (*Subjektivität*) esto, a saber, que la esencia de la realidad es en verdad -es decir, por la certeza de sí de la consciencia de sí mismo- *mens sive animus, ratio*, razón, espíritu o mente, entonces "*subjetidad*" aparece en tanto modo de la *subjetidad* (*Subjectität*)." Aclara A. de Libera: "El pasaje de la "subjetidad" a la "subjetividad", que signa la entrada en la modernidad, se deja pensar a partir de Descartes como el momento en que el *ego,* devenido *el* "sujeto insigne", adquiere el estatuto del ente "más verdadero." Cf. algunos matices de la trayectoria histórica del "the Self without subjectivity" en Marenbon, J. (2019), 257-278.
[315] Jung, C.G. (1957), 7.

cuya superficie está dominada por el cristianismo. La relación en que se encuentra el cristianismo con la alquimia es similar a la de un sueño con la conciencia, y así como el sueño compensa los conflictos de la conciencia, la alquimia procura llenar las lagunas de la tensión de los opuestos que el cristianismo dejó abiertas." C. Jung sostiene que "el cristianismo erigió la antinomia de bien y mal en un problema universal, y mediante la formulación dogmática de los opuestos, la elevó a un principio absoluto."[316] Refiriéndose a la significación numinosa del símbolo unificador de los rasgos contrapuestos subyacentes en los contenidos inconscientes, Jung considera que el "*mysterium magnum*" se asienta principalmente en el alma humana "*naturaliter religiosa*", es decir que "el alma, por su naturaleza, posee una función religiosa."[317] Más adelante dice refiriéndose a la pervivencia y continuidad de la simbología vislumbrada y contenida por el alma: "Esa alma humana que, a diferencia de la conciencia, apenas cambia de modo sensible en muchos siglos y en la cual una antigua verdad de dos mil años es aún la verdad de hoy, es decir, que todavía se manifiesta viva y eficiente."

Y continúa:

Allí también encontramos esos hechos psíquicos fundamentales que continúan siendo los mismos durante milenios... Los tiempos modernos y el presente, considerados desde ese punto de vista, se muestran como meros episodios de un drama que comenzó en la pálida aurora de una época primordial, drama que se extiende, a través de todos los siglos, a un remoto futuro. Ese drama es una

---

[316] *Ibid.*, 33-34
[317] *Ibid.*, 22-23.

Aurora Consurgens: la adquisición de conciencia de la humanidad.[318]

Qué duda puede caber acerca de que la tarea del alma, durante el proceso de individuación,[319] es de religación y conexión. Así como lo propio de la conciencia es, en cambio, la distinción, en tanto el inconsciente contiene en germen la unidad de los opuestos que, igual que en la naturaleza, permanentemente se buscan para reencontrarse. Sin embargo, "con la manifestación del inconsciente comienza la escisión de los opuestos, como ocurre también en la creación," alerta Jung.[320]

Por otra parte, Jung encuentra un paralelismo entre la imagen del Redentor en el cristianismo con el *lapis* alquímico -la piedra filosofal- lo que le permite distinguir el *"ex opere operato"* sacramental cristiano, característico de todo ritual, que mediante su misma ejecución consuma su objetiva realización, con el *"ex opere operantis"* como "medicina de vida" del alquimista, que al mimetizarse con el operador queda restringido a su propio ámbito subjetivo. El *opus operatum* (lo consumado) en un caso y el *opus operantis* (la actuación en curso) plantean desde luego visiones diversas. Aporta precisión Jung cuando aclara: "En el fondo se trata de la

---

[318] *Ibid.*, 490.

[319] "El término científico *individuación* en modo alguno pretende significar que se trate de un hecho conocido y explicado exhaustivamente. Simplemente con él se designa una esfera del inconsciente en la que se centralizan los procesos de formación de la personalidad, esfera que es aún muy oscura y que necesita ser investigada. Se trata de procesos vitales que, desde siempre, a causa de su carácter numinoso, constituyen la fuente más importante y significativa de la formación de símbolos." *Ibid.*, 496-497.

[320] *Ibid.*, 37.

pareja de opuestos colectividad e individuo, o sociedad y personalidad." Añade que esta disyunción plantea "un conjunto de problemas que es en verdad moderno: en efecto, fue menester el fortalecimiento de la vida colectiva y el inaudito amontonamiento de las masas de nuestra época para que el individuo adquiriera conciencia de que se encuentra sofocado en la estructura de las masas organizadas. [...] ... le estuvo reservada a nuestro tiempo la función de acercar [este asunto] a la conciencia, o por lo menos a un germen de conciencia, bajo la máscara de un individualismo neurótico."[321]

Para explicar esta situación, describe Jung que en la operación alquímica

> el nacimiento y la transformación que siguen a la *coniunctio* (conjunción, unión) se realizan en el más allá, es decir, en el inconsciente. Pero *acá* queda pendiente el problema, que como es sabido, Nietzsche hubo de recoger luego en *Zaratustra*: la transformación en el superhombre, el cual, empero, se halla en la más peligrosa cercanía del hombre del *acá*. [...] Su superhombre es un ser híbrido de la conciencia individual, que choca directamente con la fuerza colectiva del cristianismo y que debe conducir a la catastrófica destrucción del individuo.

Según Jung, este fenómeno destructivo no sólo fue vivenciado por el mismo Nietzsche, tanto espiritual como físicamente, sino que trajo también consecuencias nefastas al ser asimilado colectivamente. Se pregunta entonces Jung:

---

[321] *Ibid.*, 491-495. Las citas que siguen corresponden a estas páginas.

¿Con qué respondieron las épocas siguientes al individualismo del superhombre Nietzsche? Respondieron con un colectivismo, con una organización colectiva y una acumulación de masas *tan ethice quam physice* nunca vistas. Por un lado, la personalidad sofocada, y por otro, un cristianismo impotente, herido tal vez de muerte: tal es el crudo balance de nuestra época.

Podría sorprendernos la agudeza de los análisis junguianos mientras estaban ocurriendo de manera calamitosa las atrocidades que signaron la primera mitad del siglo XX.

Es evidente que la alternancia entre sociedad y personalidad atraviesa las inquietudes intelectuales que se fueron modelando en torno de los pioneros estudiados por este libro. Además en este mismo sentido, en el *Fausto* de Goethe, Jung encuentra "un último punto culminante de la alquimia" que "marcó el momento histórico del cambio" porque allí "el proceso de la unión, que es en sí mismo objetivo, se convierte en vivencia subjetiva del *artifex*, es decir del alquimista. [...] El hecho de que Fausto se mezcle subjetivamente en el proceso tiene la desventaja de que queda desvirtuada la finalidad propia y verdadera del proceso, esto es, la producción de lo incorruptible." Por eso advierte Jung que "todo aumento de conciencia entraña el peligro de la inflación."

El pecado de Fausto consistió en su identificación con lo que ha de transmutarse y con lo transmutado. Nietzsche fue más allá y propugnó la identificación con el superhombre Zaratustra,[322] con aquella parte

---

[322] Advirtamos que, en este caso, C. Jung pareciera identificar erróneamente a Zaratustra, o sea el profeta, con el superhombre,

de la personalidad que alcanzaba la conciencia. Pero, ¿es lícito afirmar que Zarathustra es una parte de la personalidad? ¿No es más bien Zarathustra lo superhumano, de que por cierto participa el hombre, pero que no es el hombre mismo? ¿Está verdaderamente muerto el Dios que Nietzsche declaró desaparecido? ¿Es que precisamente no retornó cubierto con el ropaje de lo *superhumano*?[323]

Remarca Jung la pertenencia y participación humana en Aquello que nos ubica más allá de nosotros mismos pero que reconducimos a nuestra subjetividad, perdiendo así toda la riqueza que esa participación otorga. Pareciera que las preguntas de Jung todavía no han sido completamente respondidas, por eso su admonición continúa vigente:

> Una conciencia hinchada es siempre egocéntrica y sólo se percata de su propio presente. [...] Y de esta suerte, los contenidos que antes se proyectaban debían aparecer desde entonces como propiedad, como imágenes fantasmagóricas, de una conciencia del yo. El fuego se enfrió y se convirtió en aire; el aire, en viento de Zarathustra, y determinó así una inflación de la conciencia que sólo puede ser atenuada por las más terribles catástrofes culturales, precisamente por ese diluvio que los dioses enviaron a la humanidad inhóspita.

---

equivocación que ha sido señalada con frecuencia por los estudiosos de Nietzsche.

[323] *Ibid.* El interés del párrafo radica en el señalamiento junguiano acerca de la participación humana en lo suprahumano, que reaparecerá revestido como "superhombre".

Las lúcidas consideraciones de C. Jung sitúan a la primera mitad del siglo XX como un período que motivó a los hermeneutas de la época a hacer análisis cada vez más afinados. En este sentido, resulta muy significativo el papel que jugó el conjunto de intelectuales que pivoteó en torno de Lou. Del mismo modo todo lo recorrido a lo largo de este libro nos ha permitido ver de qué manera en el primer cuarto del siglo quedaron sentadas las bases de prácticamente la mayoría de los desarrollos que nos colocaron en la postmodernidad.

Es muy elocuente, en este sentido, que Rainer Maria Rilke haya expuesto con nitidez los términos justos de la inacabable cuestión en torno a personalidad *versus* humanidad:

Cuán significativo es que algunos hayan hecho de la humanidad una generalidad, ese *quasi*-lugar en el que todos se encuentran y se reconocen. Es preciso comenzar a comprender que cuanto nos convierte en solitarios es justamente lo humano. [Y continúa explicando] Mientras más humanos nos volvemos, tanto más diversos nos tornamos. Es como si los seres se multiplicaran imprevistamente por miles: pues un único nombre colectivo que anteriormente bastaba para miles de personas, resulta insuficiente para diez, y nos vemos obligados a considerar a los individuos singularmente. Pensad en esto: si en lugar de tener pueblos, naciones, familias y sociedades tendremos alguna vez hombres, cuando ni siquiera tres personas puedan ser comprendidas bajo un único nombre:¿no deberá entonces hacerse el mundo más grande?[324]

---

[324] Rilke, R.M. (1981), 161-162.

La ampliación desbocada de la relevancia dada a la subjetividad, tal como lo advierte M. Heidegger en tanto fenómeno característico del siglo XX, se pone en evidencia no sólo a través de análisis teóricos sino que ha sido vitalmente ejercida y hasta exacerbada durante las trayectorias personales de cada una de las personas estudiadas a lo largo de este libro.

"¡A menudo siento una gran nostalgia de mí mismo!", exclama Rainer mientras escribe su *Diario Florentino* en 1898 y lo repite una y otra vez. "Sé que el camino es largo todavía: pero en mis más hermosos sueños entreveo el día en que me acogeré". En numerosas oportunidades menciona el "solitario camino hacia sí mismo", refiriéndose a los grandes creadores de arte -deslumbrado por la belleza que aprendió a ver, a medida que las riquezas de la *poiêsis* humana se le develaban- pero también a su propio objetivo de vida, que le hace decir que "el arte es un camino hacia la libertad." Agrega, además "ha sido siempre así. El arte va de un solitario a otro pasando por tramos elevados por encima del pueblo". Reitera resueltamente que "será siempre así. 'Pueblo' significa básicamente sólo una etapa del desarrollo. Es el tiempo de la minoridad y del temor, cuando rogamos al hermano que permanezca en nuestra vecindad". Por este motivo "cada uno crece hacia sí mismo desde la multiplicidad." "No existe, en realidad, una cultura común -afirma Rainer- Cultura quiere decir personalidad, lo denominado de esta manera [cultura], referido a una multitud, es apenas una convención social sin íntima consistencia." "He aquí finalmente el sentido de la historia: que jamás decide la masa. La lucha que contiene en sí la victoria, la decisión extrema, el futuro inminente, ocurre siempre entre dos solitarios. Imprevistamente, una época entera surge con una *figura* opuesta a otra."[325] Las afirmaciones rilkeanas no dejan lugar a dudas acerca de su búsqueda y encuentro consigo mismo de acuerdo con un camino personal.

A modo de vuelo de pájaro, es posible atisbar -apenas- en la oposición entre generalidad y particularidad, que Gilbert Simondon[326] hace jugar entre la psicología y la sociología -ampliamente dominantes en nuestros días-, como un vaivén latente que puede remontarse hasta los orígenes del filosofar. Tampoco es el momento oportuno para recorrer la perspectiva de G. Simondon, aunque me parece acertado servirme de él para mostrar *grosso modo* una contraposición básica, que nos permitirá concluir dejando el asunto simplemente abierto. La ausencia de una teoría general de las ciencias humanas y de la psicología, sirve de motivación a G. Simondon para preguntarse sobre la posibilidad de un término medio entre la teoría de los grupos, que es la sociología y la teoría del individuo, que es la psicología. "No hay, en sociología, una 'humanidad', y no hay, en psicología, un elemento último; siempre estamos en el nivel de las correlaciones...". Se remonta entonces Simondon[327] a la disyuntiva inicial entre Platón y Aristóteles, lo que nos

---

[325] Todas las formulaciones rilkeanas están contenidas entre las siguientes páginas: *ibid.* 70-87.

[326] Utilizaré la conferencia "Conceptos directivos para una búsqueda de solución: forma, información, potenciales y metaestabilidad", pronunciada por G. Simondon en la Sociedad Francesa de Filosofía el 27 de febrero de 1960, tomada de Simondon, G. (2019), 481-511. La tesis defendida en 1958 por G. Simondon fue publicada en París en 2005. La primera edición en castellano es de 2013.

[327] Las siguientes citas textuales se encuentran en Simondon, G. (2019), 488-491.

permitirá obviar una indagación pormenorizada. Comencemos por Platón:

> La forma tal como es presentada en el platonismo superior e inmutable, conviene para representar la estructura del grupo, y funda una sociología implícita, una teoría política del grupo ideal. Este grupo es más estable que los individuos [...] sabemos que la ciudad ideal es lo que no debe variar. [...] La moral individual es una conservación; es la conservación de la estructura del individuo mediante la cual se realiza la idea del hombre; es la conservación de la relación que debe existir justamente entre *nous*, *thymos* y *epithymia*, según un principio de 'justeza' que salvaguarda el sistema estructural que caracteriza al individuo.

Diríamos que acá, con Platón, se parte de la totalidad unificada que es la ciudad ideal para contener la particularidad individual resultado del equilibrio armonioso personal en consonancia con aquella totalidad. En cambio, otro modo de acercarse a la comprensión del hombre es la aristótelica:

> Por el contrario, la forma del esquema hilemórfico, tal como resulta presentada en Aristóteles, es una forma que está al interior del ser individual, en el *synolon*, en el 'todo junto' que es el ser individual. [...] ...una significación dada en el ser individual, a partir de una biología implícita o explícita. [...] Aristóteles explica el devenir que impulsa el ser hacia su estado de entelequia, de plena realización.

En este caso, con Aristóteles, la particularidad desgarrada, que se angustia en la búsqueda del sentido inmersa en la temporalidad, marcha desde el yo biológicamente concebido hacia una interiorización. Desde entonces la filosofía se debatió entre ambas vertientes sin poder hallar "un verdadero *metaxy,* una correlación":

> La forma de Aristóteles conviene perfectamente [...] para interpretar los procesos ontogenéticos, pero conviene mucho menos para comprender los grupos. La noción de ciudad de Aristóteles apela necesariamente a la noción de *convención* interindividual, mientras en Platón la realidad primera es el grupo, la ciudad, de modo que el individuo es conocido como un análogo de la ciudad, una reproducción de su estructura, un *microcosmos* por oposición a ese *macrocosmos* que es la ciudad, una micro-organización que reproduce la macro organización: esto conlleva una tipología individual fundada sobre una tipología social y política.

Sabemos bien que todo diálogo filosófico transcurre claramente en la permanente actualidad de un presente en el que las preguntas y las respuestas indagan sin cesar los mismos problemas, vistos en cada caso desde un ángulo de visión complementario de otros. Entretanto, mientras perviven las angustias del devenir humano a la par que se exalta la toma de conciencia personal, ciertos núcleos de comprensión, junto con su larvada supervivencia, requerirían ser evaluados correlativamente con los ajustes que aporta la visión contemporánea expuesta por este libro. Una minuciosa exploración requeriría ineludibles indagaciones en el futuro. En realidad, nos sorprende que hoy, en la era de la conectividad mundial, pareciera haberse destrozado para nosotros la posibilidad misma de la conexión de las partes con el todo, a causa de la dificultad para apreciar qué es lo más propio de la singularidad humana. En definitiva, podrían rastrearse genealógicamente en los autores tratados por este libro -dada la importancia concedida a la belleza, a la centralidad de la figura de *Orfeo* y al poeta como nuevo *Hermes*- vasos comunicantes con el hermetismo neoplatonizante. De alguna manera es la tarea que se impuso C. Jung con su búsqueda en torno de la alquimia.

Frente a la disyunción entre todo y parte, generalidad y particularidad, masificación o personalidad, concluyamos, por fin, estas reflexiones añadidas al libro, con la intuición del poeta capaz de integrar en su interior, para ponerla luego poéticamente en palabras, a esa vívida alternancia de la particularidad con la totalidad. Pues la ambivalencia en la que está inserta la subjetividad, una vez asumida experimentalmente, es vivenciada en particular por el poeta en búsqueda de su singularidad. Rainer puede contarle entonces a Lou, en carta del 20 de febrero de 1914, de qué se trata esta temática refiriéndose a los movimientos de un ave, que exquisitamente se está dirigiendo hacia el interior de su nido. Pues el pájaro tiene la posibilidad "de elaborar y de cubrir" esta especie de seno maternal, que es el nido, consentido por la naturaleza en el exterior en vez de contenerlo todo íntegro en su interior. Eso mismo es visto por Rainer como un testimonio, entre los animales, de "la confianza afectiva completamente particular", respecto del mundo exterior, de que gozan los animales, como si supieran participar del más íntimo secreto de la mundanidad. Dice Rainer:

> Canta por eso [el pájaro] en el seno del mundo como si cantara en su propio interior, y también por eso, nosotros recogemos tan fácilmente el silbido de un

pájaro en nuestro interior. Nos parece traducirlo sin reservas en nuestro propio sentimiento. Sí, ese piar, por un instante puede transformar el mundo entero en espacio interior, dado que sentimos que el pájaro no distingue entre su propio corazón y el del mundo.[328]

El pájaro, el ángel, el poeta habilitan lo Abierto recogido por el *Weltinnenraum* como espacio en que la interioridad y el exterior se funden en la unidad, tal como confiesa haberlo experimentado Rainer:

> Se trata sólo de instantes, pero en esos instantes veo la profundidad de la tierra. Y veo las causas primeras de todas las cosas como raíces de grandes árboles murmurantes. Y veo cómo cada una de las raíces se engarza en la otra y todas se consideran hermanas. Cómo todas beben de la misma fuente.

Pese a su aislamiento, sin embargo, el hombre no está ausente de esta unidad fructificante:

> Se trata sólo de instantes, pero en esos instantes, veo muy lejos, más allá de la tierra. Veo que los hombres son troncos robustos y solitarios que como amplios puentes van desde las raíces hasta las flores, elevando calmos y serenos su savia hacia el sol.[329]

---

[328] Tomado de Jaccottet, Ph. (1970), 100-101.

[329] Rilke, R.M. (1981), 118-119.

Bibliografía

Courcelle, Pierre. (1974). *Connais-toi toi-même de Socrate à Saint Bernard*. Paris: Études Augustiniennes. 3 vol.

Foucault, Michel. (1966). *Les mots et les choses. Une archéologie des sciences humaines*. Paris: Gallimard.

Heidegger, Martin. (2000). *Nietzsche II*. Traducción de J.L. Vermal. Barcelona: Ediciones Destino.

Jaccottet, Philippe. (1970). *Rilke par lui-même*. Bourges: Éditions du Seuil.

Jung, Carl Gustav. (1957). *Psicología y Alquimia*. Buenos Aires: Santiago Rueda.

de Libera, Alain. (2020). *La invención del sujeto moderno*. Buenos Aires: Manantial.

Marenbon, John. (2019). "The Self". *From Philosophy of Mind in the Early and High Middle Ages*, ed. Margaret Cameron (*The History of the Philosophy of Mind* II). London- New York: Routledge.

Rilke, Rainer Maria. (1981). *Il diario fiorentino*, a cura di Giorgio Zampa. Milano: Rizzoli [*Das florenzer Tagebuch*, 1898].

----- (1973). *Diario Florentino*, prólogo y versión de M. Masola. Buenos Aires: Goncourt.

Simondon, Gilbert. (2019). *La individuación a la luz de las nociones de forma e información*. Buenos Aires: Cactus.

Sorabji, Richard. (2006). *Self. Ancient and modern insights about individuality, life, and death*. Oxford: Oxford University Press

Taylor, Charles. (1989). *Sources of the Self. The making of modern identity*. Cambridge: Cambridge University Press.

Epílogo

¡Cuánto hemos conocido sobre Lou Andreas-
Salomé a través de estas páginas!

No cabe duda que la suya fue una vida intensa,
colmada de originales investigaciones académicas y
también llena de aventura. Sí, la aventura de enfrentarse
cada día al mundo con intención de mejorarlo, dejando en
el pasado prohibiciones que sólo frenaban las alas de
quienes intentaban volar. Lou fue tan intrépida que buscó
lo divino en lo cotidiano y el amor en la sencillez de la
naturaleza. Su Madre Rusia la dotó de valor y belleza y la
posterior formación europea le brindó los recursos
necesarios para destacarse.

Ni revolucionaria ni feminista, Lou invariable-
mente, se consideró sólo una persona que deseaba ser
dueña de su propia vida, sin intenciones de convertirse en
modelo de nadie. Trabajó junto a grandes personalidades
del cambio epocal que le agradecieron su aporte y ella, de
modo discreto y velado, compartió feliz los logros de sus
pares. Su sencilla coherencia fue el estimulante ideal para
que un joven Rilke creativo y enamorado, elabore las
obras más elevadas de la poesía romántica. Lou, la
"entendedora *par excellence*", como solía llamarla Freud,
dejó un rico legado que nos acerca a un momento clave
de la historia de la humanidad.

Quizás su obra no tuvo el reconocimiento que
merecía, algo que podríamos atribuir al tenaz
ensañamiento en su contra de Elisabeth Nietzsche, o tal
vez, Lou así lo prefirió. Su biógrafo, Ernst Pfeiffer,
insinúa que, en algunas situaciones dadas en su madurez,
ella siempre prefirió el olvido sin rencor, evitar

confrontaciones desagradables y destinarse a una existencia pacífica y en armonía.

Nos quedan aún muchas preguntas por responder y enigmas a descifrar de estas vivencias tan plenas y llenas de pasión. Pero con seguridad podemos afirmar que Lou Andreas-Salomé fue una figura potenciadora y notable en el entramado filosófico, poético y psicoanalítico que nació a finales del siglo XIX y aún perdura.

Sobre las autoras

María Virginia Casaurang

Miembro de la Asociación Civil de Filósofas "Pensar en Comunidad", dedicada a la difusión del pensamiento filosófico a través de talleres, encuentros y Jornadas. (2017 y continúa). Dictado de Seminarios desde 2018 sobre Byung-Chul Han y Perfeccionamiento Humano (Transhumanismo - I.A). Coautora de *Entre oriente y occidente El camino de Byung-Chul Han*, (2020) Licenciatura en Filosofía en curso. Universidad del Salvador, área San Miguel, Bs.As. Profesora Nacional de Francés por el Instituto Nacional del Profesorado "Dr. Joaquín V. González" (1989).

Silvia L. de Olaso

Licenciada y Profesora de Filosofía. Licenciada en Psicología. Postgrado en Gerontología. Coautora del libro "Sujeto y edad. Clínica y psicoanálisis". Maria Capponi y Silvia Luchessi de Olaso. Miembro activo de la Asociación Argentina de Psicología y Psicoterapia de Grupo. Directora de Revista de la Asociación de Psicología y Psicoterapia de grupo incorporada a Latindex, CONICET y Federación Latinoamericana de Psicoterapia Analítica de Grupo. Artículos publicados en EUDEBA y en Revista de Psicoanálisis vincular de AAPPG. Especialización en investigaciones educativas en "The Ontario Institute for Studies in Education." Toronto. Ontario. Canadá.

Zulema Pugliese

Doctora en Filosofía por la Universidad del Salvador, área San Miguel, Argentina. Profesora Universitaria de Filosofía y Teodicea por la Universidad del Salvador. Presidente de la Asociación Civil de Filósofos "Pensar en Comunidad" y miembro del Grupo de Investigación Fenomenológica de la Academia Nacional de Ciencias de Buenos Aires. Autora del libro: *Dios en Heidegger. Un pensamiento original y coherente recorrido de la mano de Dios*. 2017. Coautora en las siguientes obras: -"Callar al Poeta o cómo silenciar al otro desde Platón hasta nuestros días", USAL, CABA, 2011.- "Heidegger, el instante del paso de Dios en los Beiträge zur Philosophie" y "Heinrich Rombach y la época de las estructuras", en Revista Digital Nuevo Pensamiento, 2012. "Heidegger. Una Fenomenología de la Religión fuera de la vía teórico-objetivadora", en *Razón Crítica y Experiencia Religiosa*. Santa Fe-Paraná 2014. -"Para hablar de Dios, creación del espacio para recibir el misterio: Heidegger y Marión", en *Trascendencia y Sobreabundancia,* Biblos, Bs.As., 2014. "¿Para qué poetas en tiempos menesterosos? Discépolo, la mirada de un poeta argentino en tiempos de penuria", en *El Acontecimiento y lo Sagrado*, UCC. Córdoba, 2017. Coautora del libro *Entre oriente y occidente. El camino de Byung-Chul Han.* (2020) Conferencista en Jornadas Nacionales e internacionales. Especializada en B-C Han y Nietzsche.

María Gabriela Rebok-Holz

Doctora y Licenciada en Filosofía por la Universidad del Salvador, Buenos Aires. Becaria de la Heinrich-Hertz-Stiftung para estudios de posgrado en la Universidad de Köln (Alemania). Académica Correspondiente en Alemania de la Academia Nacional de Ciencias de Buenos Aires. Investigadora del CONICET, de la Academia Nacional de Ciencias de Buenos Aires, del Hegel-Archiv de la Ruhr- Universität-Bochum (Alemania). Profesora Titular del Doctorado en Filosofía de la Universidad Nacional de San Martín. Profesora Invitada en la Universidad de Eichstätt (Alemania), Viena (Austria) y Praga (República Checa), en la Argentina: Universidad Nacional del Sur, UCA, Universidad Nacional del Comahue, Universidad Nacional de Cuyo, Universidad Nacional de Tucumán. Cuenta con más de 170 publicaciones, entre ellas su libro *La actualidad de la experiencia de lo trágico y el paradigma de Antígona.* (2013 Premio Teatro del Mundo, XII Ensayística Universidad de Buenos Aires, Secretaría de Extensión Universitaria, Centro Cultural Ricardo Rojas).

Graciela L. Ritacco de Gayoso

Licenciada en Filosofía por la Universidad de Buenos Aires. Master of Theology in Philosophy of Religion, King´s College, University of London, UK. Ha sido profesora titular en UBA, UCA, USAL y otras universidades del país. Miembro fundador de la Asociación de Filósofos "Pensar en Comunidad". Pertenece al grupo de investigación de la Sección de Filosofía e Historia de las Religiones, Academia Nacional de Ciencias de Buenos Aires-Conicet. Se ha especializado en la investigación en torno del Neoplatonismo pagano y cristiano, con especial atención por la Patrística en lengua griega, centrada particularmente en los nexos entre la Escuela de Atenas (Syriano, Proclo, Damascio) y el anónimo Dionisio del Areópago. Ha indagado también en las raíces órficas y pitagóricas del Platonismo. Son numerosos sus artículos en publicaciones especializadas del país y el exterior, por ejemplo: "La luz y la tiniebla. Los decires acerca de lo divino: Juliano y Dionisio Areopagita" en *Trascendencia y Sobreabundancia*, Biblos.

ÍNDICE